COLLECTION NOUVELLE

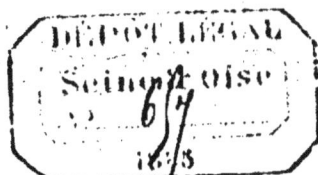
Audax et tenacem...

Petits CAHIERS

DE
Léon CLADEL

Ed. MONNIER & Cie
ÉDITEURS
16, rue des Vosges

PARIS, 1885

PETITS CAHIERS

DE

LÉON CLADEL

IL A ÉTÉ TIRÉ DE CET OUVRAGE

15 exemplaires sur Japon impérial signés et numérotés

AU PRIX DE **20** FR. L'UN

Illustrations de Gambard

Petits CAHIERS

DE
Léon CLADEL

Ed. MONNIER & Cie
ÉDITEURS
16, rue des Vosges

PARIS, 1885

Ⓒ

A

Camille LEMONNIER

L'honneur, avec Edmond PICARD, des lettres françaises
en Belgique.

L. Cl.

Petits Cahiers

de

Léon Cladel

Un Revenant

UN REVENANT

Klüber, Michel-Ulysse Klüber, graveur sur métaux, et citoyen de la capitale, fut, le 3 décembre 1851, trouvé sanglant par des lignards et des dragons sur les pavés empourprés du faubourg Saint-Antoine, non loin de l'omnibus renversé du haut duquel Alphonse Baudin avait harangué la foule, avant de lui montrer comment un délégué de la nation, fidèle à son mandat, doit savoir mourir lorsque tout est perdu, fors l'honneur.

Ainsi que le représentant, l'homme du peuple était tombé dans la même rue au pied de la même barricade, en combattant pour le droit et pour la liberté.

— Vive la République démocratique et sociale! cria-t-il sous les fers des chevaux cabrés qui piétinaient sur lui.

Le cri de ce porte-blouse expirant arrêta net cavaliers et fantassins qui firent volte-face. Un chef de bataillon, songeant à son avancement trop bien gagné, tressaillit sur ses étriers et, s'étant approché du moribond dont les yeux obscurcis le toisaient, il brandit son sabre, puis, impérieux, brutal, impitoyable :

— Allons, dit-il, qu'on musèle ce braillard et qu'on l'achève!

Une douzaine de fusiliers, dociles à l'ordre donné, se courbèrent vers le ruisseau rouge de sang où gisait, épuisé, le vaincu qui venait de pousser ce cri dont on avait peur encore, et les canons de leurs armes fumantes s'abaissèrent lentement.

Tous ces pauvres enfants de roture, héritiers de

misère et serviteurs-nés de toutes les tyrannies, avaient le doigt à la détente et, pâles, en proie à ces angoisses obscures et poignantes qui tordent parfois les complices inconscients d'un grand crime, ils regardèrent avec effarement le martyr qui, s'étant redressé péniblement, offrait sans crainte à de nouvelles balles sa tête auguste de Christ au calvaire et sa poitrine trouée de plusieurs coups de feu.

— Paysans, ouvriers, vous, dont on fait des soldats ; soldats, vous dont on fait des bourreaux, obéissez à ce valet de cour, achevez-moi, fit-il, assassinez un des vôtres, amis !

Un mouvement marqué de recul se produisit parmi la troupe et les fusils des grenadiers oscillèrent.

— Allons donc! enjoignit de loin et d'un ton farouche l'officier à cheval.

L'insurgé répéta :

— Frères, allons donc!

Un vétéran à trois chevrons d'or et tout balafré, qui dirigeait l'escouade d'exécution, considéra ses conscrits d'un œil à la fois suppliant et terrible, puis il murmura :

— Visez haut ! en joue !

Ensuite, d'une voix éclatante qui domina les clai-

rons d'une compagnie de chasseurs de Vincennes
accourue, il commanda :

— Feu !

Les douze mousquets eurent une seule détona-
tion, et les braves pousse-cailloux, ayant jeté le
pékin qu'ils venaient de grâcier dans le couloir en-
combré de blessés et de morts d'une maison voisine
éventrée par la mitraille, se groupèrent de l'autre
côté de la rue.

— Hé bien ! Hardyo ?

Le bon sergent à moustaches grises, interrogé
par son féroce supérieur qui, tranquille en selle,
humait un cigare, répondit :

— Il est mort.

— A merveille ! Et maintenant, tiens, mon brave,
allume ce *muscadinos* et va boire un coup avec tes
blancs-becs.

Obtempérant sans façon, le grognard, un londrès
entre les dents, alla, suivi de son peloton d'imber-
bes en pantalon garance, vers une cantinière ados-
sée au coin d'une bicoque en saillie sur la rue, et
là, prit comme eux un petit verre d'eau-de-vie ;
ayant trinqué souventes fois et bu, prudent et
furtif, il lança quelques regards obliques au fond
du sombre corridor où tout à l'heure on avait jeté
le *fusillé*. Mais celui-ci n'y était plus !

— Suffit ! exclama sourdement le briscard ;
enfin, courage ; et qui vivra, verra!...

Le lundi, 24 mai 1869, les habitants des vingt
arrondissements de la métropole se portaient en
masse aux sections des diverses circonscriptions
électorales.

On marchait, serrés et fiers sous le soleil ; il y
avait autour de tous les fronts on ne sait quelle
auréole de victoire, et, malgré quelques fauteurs
de discorde, pas un cri de mépris ou de haine ne
s'élevait contre les sergents de ville qui, taciturnes
et racornis, attristaient les rues et les boulevards
çà et là...

C'était la fête septennale de Paris et, ce jour-
là, le trabucaire couronné, César-Macaire, entendant du fond des Tuileries, sa bastille à lui, les
rumeurs imposantes de ce peuple qu'il avait
opprimé, mais non pas asservi, se sentait très
mal gardé par les cent mille baïonnettes de ses
prétoriens et par tous leurs canons et tous ses
tonnerres.

Or, ce lundi de mai, ce lundi solennellement
tumultuaire, entre quatre et cinq heures de relevée,
une bande de jeunes hommes, qui n'avaient vu
ni 48 ni 51, allaient du même pas vers la cour
d'Amoy, scandant en chœur un hymne que ni

bâillons ni muselières n'étoufferont jamais en France.

Ils chantaient ! A leur tête, un grand et maigre vieillard, vêtu d'une sorte de carmagnole, et de qui les cheveux, blancs comme neige, flottaient sur deux épaules un peu voûtées, mais encore fort robustes, s'avançait, très lent et menaçant, vers les sbires apostés devant la maison votale où, scrutin en main, le premier de tous, il entra...

— Père, après vous !

Il secoua sa tête léonine et dit, souverainement heureux :

— A vous autres d'abord, à vous les petits ; à vous autres, fils !

Il s'approchèrent alors, les jeunes, de l'urne rédemptrice et votèrent un à un. Comme on était assez nombreux, plus de mille, le défilé dura longtemps, une heure au moins.

Chacun déposait son carré de papier en silence et puis s'effaçait en regardant « l'aîné » qui tremblait de vengeance satisfaite et d'orgueil.

Enfin, son tour arriva. Dépliant avec quelque ostentation son bulletin où les noms des futurs élus éclataient en grosses majuscules, il le remit tout ouvert au président du bureau...

Ceint d'une écharpe tricolore et la boutonnière
nsanglantée d'une rosette d'officier de la Légion
honneur, ce souteneur d'empire était long et
aigre, comme un glaive. Hautain, il dépassait
e toute la tête ses assesseurs. Une cicatrice cou-
ait son front en deux et l'étoilait. Il avait les mains
ecouvertes de gants militaires ; il portait impé-
ale et moustaches. Son regard était arrogant et
a bouche, cruelle... Il parlait comme on com-
nande.

Evidemment, cet autoritaire, ce sous-dictateur
vait servi !

— Votre carte d'électeur ? demanda-t-il à l'ancien
ui l'examinait d'un œil étrange et brûlant comme
n rayon de feu.

— La voici !

— Bon, allez.

Ils se regardèrent face à face ; on eût dit de deux
éclairs d'épée. Enfin, le vieux vota, mais, en vo-
ant :

— Vive la...

Le reste fut proféré d'un verbe sourd. Impassi-
ble jusque-là, l'ex-reître, qui présidait le bureau,
pâlit :

— Où donc ai-je entendu déjà cette voix, où,
mais où ?

2

Michel-Ulysse Klüber qui se retirait triomphant se retourna avec dédain et d'une bouche justicière et tragique :

— Au faubourg Antoine, le jour de l'assassinat de Baudin, en 51 !

Juin, 1869.

Paul-Des-Blés

— 1871 —

PAUL-DES-BLÉS

Fouchtra ! comme ils jargonnent tous ici, m'est avis qu'il va tôt pleuvoir de la grêle et des brandons...

Surpris de nuit, en plein été, non loin d'Issoire, au beau milieu de la Limagne, par un orage épouvantable qui découronnait les chaumes et couchait les noires futaies d'alentour aussi facilement que les blondes céréales entamées déjà par les faucilles des moissonneurs suburbains, un marchand forain du XVIII° arrondissement, en train de battre depuis quelques mois les campagnes de la Basse-Auvergne, allait, tout en grognonnant ainsi, se réfugier dans une hutte sise au sein d'une grasse prairie limitrophe de la grande route, lorsque, de l'un des fossés qui bordent cette dernière et qu'il avait franchi, jaillirent d'étranges gémissements, assez semblables aux grêles bêlements d'une ouaille en détresse.

— Hé ! qui vive ?

Aussitôt une voix d'enfanteau, très longue et non moins plaintive que celle d'un oisillon blessé, répondit dans l'idiome du pays :

— Une âme en peine qui, de faiblesse, a roulé tantôt dans ce trou ; passant, aie pitié de moi, tire-moi d'ici, pour l'amour de Dieu ! j'ai faim, j'ai soif, j'ai froid.

— On t'oit, mon gros, et tu vas être servi ; nom d'une pipe ! attends un peu ; tu mangeras, tu boiras tout à l'heure et tu te réchaufferas à ton gré, parole d'honneur !

Et, déposant à terre sa ruisselante pacotille d'images et de cotonnades, le sensible colporteur de la rue des Rosiers se coula sans tergiverser dans le bas-fond herbu d'où bientôt il sortit avec force précautions, pressant entre ses mains enduites de glaise siliceuse un petit rousseau blême et transi, mais joli comme un cœur et ne pesant peut-être point trente livres, tout mouillé.

— Merci, soupirait la frêle créature en se roulant frissonnante dans les deux méchants morceaux de serpillière qui lui tenaient lieu de chemise, l'un, et l'autre, de jupon ; oh, merci, grand merci de ta charité, chrétien !

— Halte-là, ma belle, halte-là ! ne me traite pas, je te prie ! de calotin en récompense de ma gentillesse et fais-moi le plaisir d'endosser illico mon burnous ; il est chaud comme un bédouin et te séchera, car, pour humide, oh ! vrai, tu l'es, ma pauv'e fille.

— On est mâle et non femelle, estimable monsieur, vous à qui je dois et devrai peut-être toujours un cierge.

— Hein, un gars, toi, vraiment ?

— Oui.

— Bigre !... On ne s'en serait jamais douté, non ; et depuis quand encotillonne-t-on ici ceux qui sont nés pour porter culottes ?

— Ici de même que partout ailleurs, il faut bien se vêtir avec ce qu'on a.

— C'est juste!... Eh! dis-moi donc, crapaud de mon âme, où gîtes-tu?

— Partout.

— Ta niche est grande, en ce cas; sapristi! quel domaine! et tes père et mère où diable perchent-ils?

— En haut, tout là-haut.

— Triste habitation que le Paradis! Alors sûrement et conséquemment, tu vis seul sur le plancher des vaches?

— Seul.

— Et quel âge as-tu?

— Treize ans.

— On t'en donnerait bien huit ou neuf en forçant un peu; tu badines, tu plaisantes et tu me mécanises, sans doute, mignon?

— Nenni.

Fort ému, le faubourien de la capitale se mordit la moustache, et, pensif, ayant ramassé sa balle, enveloppée d'une toile cirée où l'eau du ciel fluait à torrents, il entraîna l'enjuponné vers la cabane qui bossuait la prairie; une fois là, bien abrités tous les deux :

— Si nous cassions une croûte, ça te déplairait-il, petiot?

— Au contraire.

— On n'est pas trop mal, après tout, en ce châ-
teau de berger, et tu vas voir, aimable gringalet,
que, grâce à nos industries, la table y sera bientôt
mise.

Et l'ambulant chez qui, comme chez la plupart
de ses compatriotes, la gaieté revenait toujours au
galop, ôta de ses épaules un sac de soldat, en dé-
boucla les sangles, y puisa quelques fouaces, un
fromage de chèvre, huit à dix figues sèches, autant
de pruneaux, un melon, et, finalement, une bou-
teille de vin...

— Y sommes-nous?

— A coup sûr.

— Eh bien! allons-y sans façons et, quand nous
nous serons régalés, on verra! Va, mon fils, ne te
gêne point, attaque!

Ainsi convié, le *fils* attaqua si bien qu'au bout de
quelques minutes à peine, il ne restait rien, abso-
lument rien du tout dans le flacon ni même dans
le sac.

— Cordieu! murmura le Parisien, nous avions
une fringale de première catégorie!... et, comme
le mioche s'assoupissait en mâchant sa dernière
bouchée, il ajouta : Que diable vais-je faire de ma
trouvaille? Il y aura demain onze ans et demi que,
par une bourrasque pareille, je récoltai près de

3

Lille, en Flandre, une veuve! Est-ce que ce serait le tour de l'orphelin, aujourd'hui?... Silence au ciel! on ne s'entend pas songer sur terre et l'on a besoin de beaucoup de calme pour calculer un brin! Assez, major, ou je me fâche, moi; la paix, vieux Dieu!

Loin de se taire, les cieux, interpellés ainsi, tapagèrent de plus belle, et bientôt la rumeur de l'ouragan fut telle qu'on se serait cru menacé par des vagues furieuses, en mer. Redoublant à chaque instant d'intensité, le vent d'autan cassait branches et troncs dans les forêts voisines, tandis qu'au fond du val la pluie torrentielle grossissait sans cesse un *riou* dont, vers minuit, les ondes grondantes débordèrent, entraînant avec elles, parmi la campagne dévastée, arbres, haies, buissons, gerbes de blé, ceps de vigne, bottes de paille, meules de foin, outils aratoires, animaux de labour ou de bât, volailles, troupeaux, chiens de garde, et la tempête déchaînée souffla jusqu'à l'aurore où s'éteignirent ensemble les folles vibrations de l'air et les mouvements vertigineux de l'eau.

— Cristi, dit l'enfant éveillé qui, du revers des mains, se frottait les paupières, il fait jour et le soleil est déjà levé; voyez, *père.*

A ce dernier mot si câlin, qui le caressa comme

une brise et le frappa droit au cœur comme une
balle, celui que ses camarades de jeunesse avaient,
vingt ans auparavant, surnommé le bon zig de la
barrière Clichy, tressaillit.

— Oui, grand jour; le noble lampion s'allume, et
depuis longtemps déjà les calandres se chamail-
lent; il est cinq heures trois quarts, si je n'ai pas
la berlue...

Et l'honnête drille, écrasant entre ses dents bis-
trées par le jus de tabac, la courte queue d'un
brûle-gueule aussi noir qu'un charbon, indiquait
du doigt le cadran d'une vieille horloge rutilant en
pleine lumière au flanc du rustique clocher qui cou-
ronnait la pauvre vieille église assise à la pointe du
plus prochain coteau.

— Ça, reprit le jeune aborigène en serrant autour de son buste à moitié nu le manteau dans lequel il avait si bien dormi, ça, c'est Saint-Martin-
ès-Paluds.

— Sacré nom d'un pieu! cria l'autre, encore
en passe de rêver, il ne sera pas dit qu'un voyou
tel que moi n'a pas sous la mamelle gauche
autant de braise qu'y en eut le saint béat par
toi dénommé.

— Plaît-il?

— Et si la bourgeoise que nous recueillîmes

jadis en Artois n'est pas contente, on lui dira :
zut ! oui, m'ami ; quant à la gonzesse, on lui
ripostera : tiens, toi, citoyenne, défonce ta fri-
mousse ; voici le pantin en pain d'épice assai-
sonné de sucre d'orge que tu me prias de te
rapporter de chez les montagnards qui parlent
charabia.

— *Que meou?*

— Désires-tu, voyons, sois franc, que je te
fasse un petit bout de conduite?

— Oh ! je reste ici, car, nulle part à l'entour
de ce hameau, je ne serais aussi bien.

— Et brouter ! gamin ; ne te figure pas qu'en
cette pétaudière les alouettes te tomberaient du
ciel dans la bouche toutes rôties.

— Il y a du fruit sur les arbres et des racines
dans les champs.

— Et dodo?

— Tièdes et doux en cette saison sont à qui
veut y sommeiller les bois de la plaine ainsi que
ceux de la montagne ; et puis quelqu'un me re-
tirera, tout le monde ne sait pas que j'ai le
mauvais œil.

— Le mauvais œil?

— Oui ; l'on prétend dans nos chaumières
que partout où je loge les bêtes meurent; aussi

me ferme-t-on la porte au nez en aval comme en amont.

— Tonnerre de dié ! les gens de par ici sont donc plus ânes que leurs ânes et plus porcs que leurs porcs ; on est là ! tes pays ne te verront pas fleurir sous ces rameaux ; est-ce entendu ? je t'emmène.

— Où ?

— Là-bas en cette fière ville où le moindre galopin ose toiser un évêque et dire à Sa Majesté : « Tu sais, toi, je t'arrose. » Houp-là !... mais une seconde ; minute ! il convient que tu puisses te présenter décemment à toute ma famille ainsi qu'à mes nombreuses connaissances ; on va te tailler un frac, camarade ; attention ! ne bouge mie.

En un clin d'œil, l'homme qui ne voulait pas être inférieur au bienheureux nommé Martin eut découpé dans son vaste manteau « où le môme avait pioncé si crânement » une casaque, des culottes, une casquette et deux chaussons. Il s'agissait de coudre tout ça ! Rien de plus facile ! A défaut de fil et d'aiguilles, les diverses pièces du costume improvisé furent reliées entre elles au moyen d'épingles, qui garnissaient, avec mille autres menus objets utiles en voyage, le

sac de fantassin d'où le frugal dîner de la veille
avait été si opportunément extrait; trois pelotes
y passèrent, et quelques clous à caboche plate
assujettirent à merveille une semelle d'écorce de
chêne à chacun des deux souliers en drap que
le tailleur-cordonnier mit aussitôt aux pieds du
chétif client qu'il avait tiré de l'abîme où la
divine Providence l'avait laissé choir; et l'enfant,
enfin harnaché du cap aux orteils et qui souriait
en se mirant dans une flaque d'eau, s'écria,
transfiguré :

— *Qué souï poulit?*

— T'as raison de te trouver beau dans ces
nippes. Ainsi ficelé, mon cher, et muscadin
comme tu l'es naturellement, nos grisettes, là-
bas, te reluqueront de tous leurs quinquets. En
route, fiston! Nous avons un fameux bout de
chemin à faire pour arriver à la cime où je perche
avec ma vieille et ma jeunette. Ouvre l'équerre
et dis bonjour aux *muffes* de cette région, qui,
c'est positif, n'attachent pas leurs chiens avec
des saucisses; ah! dame, non. Une, deusse; en
avant... arche!

Ils partirent ensemble, à travers les terres
inondées et désolées au-dessus desquelles riait
le brûlant soleil estival, et trente longues jour-

nées s'écoulèrent avant qu'ils fussent parvenus,
errènés et tout poudreux, au faîte de la haute
colline d'où soudain, un dimanche, à l'aube, ils
virent, au milieu d'un énorme poudroiement
d'or, surgir en plein azur un amas de prodigieuses
architectures : flèches, dômes, propylées, tours,
portiques, arcs de triomphe et colonnes funé-
raires, étincelant au-dessus d'un océan de toits
ardoisés que le matin empourprait de ses traînes
sanglantes.

— Est-ce là que nous nous rendons, questionna
le blanc-bec qui, n'en pouvant plus, soufflait,
affaissé sur une pile de cailloux; est-ce là, seigneur Dieu?

— C'est là, répondit le grison, qui, debout et
chapeau bas, s'emplissait les orbites des splen-
deurs de sa cité natale; oui, c'est bien là, le
beau des beaux, le grand des grands, unique en
son genre; salue, mon petit, salue sa Majesté ce
colosse !

— Oh ! père, il n'y a rien de pareil sous les
nues, rien de plus altier ni d'aussi joli ! Mais tant
las suis-je que je n'aurai jamais la force de pousser jusque-là !

— Si, morbleu ! car je t'y trimballerai d'aplomb,
moi, fillet, et sur le dos encore.

On l'y transporta vraiment de la sorte ; ébloui,
fasciné, béant, il y entra sur la brune au moment
même où la ville géante, emplie du tumulte des
chars, ceignait sa ceinture de feu, sa couronne
d'étoiles !..., Et pendant les trois ou quatre hi-
vers qui précédèrent celui de 1870-71 dont les
frileux ont gardé la mémoire et les autres aussi,
c'est lui, que non loin de la butte célèbre où ne
trône pas encore la sacro-sainte basilique votée
depuis avec tant d'ardeur par « l'Assemblée la
plus librement élue et la plus libérale qu'ait eue
la France », c'est lui, ma foi ! que les mauvais
garçons et les bonnes filles de Montmartre, esca-
ladant ou dévalant les pentes, virent si souvent
de six heures de relevée à minuit, tête nue, en
sabots, et le corps emprisonné dans une peau
d'agneau semblable à celle que les traditions
hiératiques attribuent au juif Jean-Baptiste, se
trémousser sur le trottoir de la chaussée des
Martyrs, à l'angle du boulevard Rochechouart,
devant un gril à marrons et contre le vantail à demi
démantibulé d'une antique porte cochère fermant
tant bien que mal une masure aujourd'hui détruite,
sur l'emplacement de laquelle hennissent chaque
soir à la même heure les chevaux dressés et gam-
badent les clowns sauvages du cirque Fernando.

— *Castagnas*, bramait ce moutard dépaysé, *castagnas caoudas!*

Si peu de gens entendaient mal que cela signifie : marrons chauds! en revanche, tout le monde comprenait à merveille la mimique du jeune barbare.

— Hé bé! lui dis-je en langue d'oc, un soir de Noël qu'il gelait à pierre fendre, en vends-tu beaucoup?

— Assez ainsi.

Puis, ombrageux, il releva le front et me regarda fixement : « En quel endroit, exprimaient ses claires prunelles bleu de ciel, ai-je vu ce curieux qui s'intéresse à mon trafic? »

— Cette année-ci, poursuivis-je, afin de lui donner le change, on a récolté force fruits sur les châtaigniers en Gascogne comme en Bretagne, et l'*exalude* a beaucoup donné près du bourg que j'habite à trois cents lieues d'ici ; mais d'où donc es-tu, toi?

— Moi! puisque vous parlez si lestement mon verbiage, vous devinez bien...

— Non, pas du tout.

— Intrigant! tu me couillonnes, il suffit de m'ouïr un tantet pour s'apercevoir que je suis natif d'outre-Loire.

— Oui, mais l'Auvergne est si grande ; il y a Saint-Flour, Riom, Aigueperse, Clermont-Ferrand, Thiers, Vic-le-Comte, Aurillac, Salers, Chaudes-Aigues...

— Et Brioude aussi.

— Brioude ! ah ! très probablement, c'est là que tu naquis ?

— A ce qu'on prétend.

— Une bonne ville ! et tu t'intitules ?

— Sans-Souci.

— Cadet, il me semble que tu te moques de moi.

— Nenni, l'aîné.

— Voyons, on te demande uniment si tu t'appelles Pierril ou Janou ?

— Paul.

— Et ton nom de famille ?

— Inconnu ! Je suis Paul, Paul-des-Blés, ayant été recueilli le jour des Apôtres, dans un champ de sarrasin, sur la paroisse du saint ainsi baptisé.

— Vraiment ?

— Oui.

— Ceux qui t'abandonnèrent firent un méchant coup, et, par leur faute, tu dus bien souffrir en ton berceau ; je te plains ! aurais-tu des parents ici, mon gars ?

Une double larme parue au bord de ses cils y
trembla quelques instants, pure et vive; après quoi,
pendant qu'elle lui roulait lourde au long des joues,
il se croisa fièrement les bras sur la poitrine et
brusque, amer, indigné, m'apostropha de cette
façon :

— Ah ! çà, vous, pourquoi m'interroger ainsi?
les mouches abondent en ces parages! En seriez-
vous une par hasard ? Allez, en ce cas, rapporter à
votre Badingue que je n'ai jamais crié : Vive Lui!
C'est un ogre, on sait cela, mais qu'il prenne garde
à sa peau! Tous ceux qu'il envoya là-bas, jadis,
pour y laisser la leur, n'y sont pas tous décédés,
et quant aux autres, qui n'en sont pas revenus, ils
avaient, en partant, quitté des petits au pays et
cette marmaille a grandi !

— Nul n'en ignore, aussi comptera-t-on sur elle
au moment voulu; ta main? Nous sommes d'ac-
cord, ami; le citoyen qui te secourut, t'éleva, t'ins-
truisit, a fait de toi, mon cher, un gaillard, un
homme.

— Oh ! s'il pouvait aujourd'hui vous entendre
parler de la sorte !

— Il ne serait donc plus là, par hasard, ce
vaillant ?

Tout de suite, une nouvelle hésitation se ma-

nifésta sur les traits expressifs et douloureux de
l'orphelin.

— Hier, répliqua-t-il enfin, avec quelle mélan-
colie! et ne doutant plus de moi, j'avais encore
celui qui me servit de père. Un brave, un cœur
d'or! Abouchez-vous à son sujet avec ceux qui
demeurent tout là-haut, sur cette crête, et vous
saurez d'eux ce que fut Yves Saubourd de la rue
des Rosiers. On en vante qui ne le primeront jamais. Ah! s'il n'avait pas été si chic et trop
libéral, il respirerait à cette heure, et je l'aurais
toujours avec moi.

— Mort! est-ce possible? il est mort! Et depuis
quand? où? comment?

— En mai, monsieur, près d'ici. Nous soupions
chez nous, sur le tard; il était assis entre sa fille
et moi. Pan! on crie au feu! Sans balancer nous
descendons de notre nid, sous les toits, et dans la
rue, on nous apprend que l'usine à gaz du sieur
Cuculli-Bèze, un Corse! brûle et que la femme de
cet industriel, une paralytique, est au milieu des
flammes avec ses quatre enfants. « Allons-y, mon
drôle, allons-y, viens, cours! » Il va, le crâne
vieux, je vais, et nous débouchons, tout essoufflés,
au-delà du moulin de la Galette, devant une maison cossue qui flambait comme de la paille, de

haut en bas! « Suis-moi, dit mon père adoptif, et tâchons de sauver la graine de ce mauvais riche! il est de la bande à Boustrapa qui nous mange le poil sur les reins, qu'importe! à cette heure, il s'agit de montrer aux *honnêtes gens* ce que sont ces ivrognes et ces fainéants qu'on mitraille chaque vingt ans afin de leur apprendre à se mêler de ce qui les regarde; arrive vite. » Et le voilà reparti. Je me lance après lui, nous trouons la foule abasourdie de notre aplomb. « Ils sont fous, ces deux-là, disait-elle, ils sont toqués! » Entendant tout, n'écoutant rien, nous entrons seuls dans la fournaise. Un étroit corridor est par nous sans encombre franchi, mais la fumée nous aveugle et l'escalier carbonisé que nous montons se gerce et craque sous nos pas. O misère!... A peine étions-nous sur le palier du premier étage où des pompes jouaient, tout croûle et je tombe au fond d'une espèce de cave entre deux grosses poutres fumantes, sous un tas de plâtras, presque étouffé, tandis que non loin de là, mon père, mon vrai père, oui, certes, s'abîme au cœur d'un brasier, rouge comme le sang. « Adieu, fils, adieu! je suis rasé!... veille à la mignonne et cogne pour Marianne, à l'occasion! » Oui, je les entends toujours, ces paroles-là! Pauvre cher dévoué! j'essayai d'aller à lui, mais mes jam-

bes étaient prises comme dans un étau. Désespéré,
je me tordais les membres et l'haleine me manquait. Tout à coup, plusieurs mains me crampon-
nent et j'entrevois dans les ténèbres épaisses des
casques de cuivre. On m'arrache du gouffre, on
me traîne au grand air, puis deux pompiers m'em-
portent dans notre mansarde, évanoui. Là les bai-
sers de ma quasi sœur Virgi me raniment et je
m'éveille, ne me rappelant plus rien. « Et Lui? me
demanda-t-elle, où l'as-tu quitté? » Je me souvins
de tout alors. « Il a péri, celui qui ne vivait que
pour nous, il n'est plus! nous ne retrouverons pas
même ses cendres! il n'ira pas reposer, selon ses
vœux, dans la fosse commune où l'on enterra l'an
passé ta mère qui me chérissait autant que si j'avais
été le sien! il est mort, notre ancien, et quelque
gaillard très étoffé nous cornera peut-être aux
oreilles : « Eh! tant pis pour ce va-nu-pieds, un
braillard de moins! on n'avait aucun besoin de lui
chez Cuculli; fallait pas qu'y aille! ce démagogue,
ce vieil insurgé, qui, pour sûr, serait revenu tôt ou
tard à Cayenne! » « Oh! me répondit la digne fille,
si jamais on touche à celui-là, devant nous!... »
« Entendu! nous fermerons le bec aux aboyeurs! »
On s'embrassa là-dessus, ensuite on pleura ferme.
Et voilà cette histoire qui n'est pas gaie et que

vous saviez peut-être... oh! je vous reconnais bien
à présent, je vous remets, vous étiez un ami de
celui que nous avons perdu; tenez! il y a des mo-
ments où je regrette qu'il ne m'ait point laissé là-
bas, en Limagne, au fond du fossé...

— Raidis-toi, garçon, ne t'abandonne point, un
peu de courage !

— On ne manque pas de cœur, reprit-il, en es-
suyant ses yeux d'azur où brillait une indomptable
énergie, et l'on travaille comme un cheval afin d'être
un jour, si faire se peut, tranquille en ménage avec
celle qui sera mienne, oui! car, par toutes les étoiles
d'en haut! je l'aime non moins que j'en suis aimé.

— Quel âge a-t-elle?

— Environ quinze ans, et moi, son prétendu,
dix-sept et demi.

— Charmante, en bonne santé, sans doute ; et
dégourdie ?

— On vous en répond! Une fleur rose et blanche,
qui marche, embaume, chante, luit. Et sage! une
image ; et sapiente! il ne dépend pas d'elle, non!
que je ne sache pas encore les lettres de l'alphabet;
enfin, économe! elle donne aux autres tout ce
qu'elle a, mais, pour nous, c'est différent, elle cou-
perait un centime en quatre; aussi ferons-nous
peut-être fortune...

— Hum ! m'est avis que ce n'est point très aisé, cela.

— Que si ! Le magot va bien ; il enfle à vue d'œil ; oui, nous avons déjà mis de côté vingt-quatre pistoles.

— Avec deux cent quarante francs, on ne va pas très loin, je t'assure.

— On ira pourtant, l'année prochaine, aux houilles de Decazeville, en Aveyron, et l'on en reviendra muni. Patience ! Avant peu, nous aurons par ici, *Diou me damne !* boutique sur rue, elle et moi ; vous verrez, on s'en charge ! et lors, ayant suffisamment étudié, je parlerai parisien aussi bien que vous, seigneur...

Hélas ! Jacques Bonhomme propose et parfois Bonaparte dispose ! On voudrait aller au fond de quelque province entreprendre un négoce et l'on s'en va, giberne au flanc et fusil sur l'épaule à la frontière, sans avoir cependant dépassé les portes de la capitale ou du moins les limites du grand département. Tel fut le cas de ce maigre enfant trouvé, que l'année suivante, « l'année terrible ! » revenant des remparts, avec mon bataillon, je rencontrai proche les Tuileries, flanqué d'une délicieuse et martiale vivandière, en vareuse comme lui, comme lui portant la carabine et le képi, marchant crânement

comme lui derrière une dizaine de chasseurs bava-
rois faits prisonniers sur les bords de la Marne, à
Petit-Bry, je crois, par la poignée de francs-tireurs
qui les escortait, et dont il était, me dit-on plus
tard, et l'orgueil et la joie.

— Ohé! pays?

Il se retourna, boueux, enjoué, noir de poudre,
éclaboussé de sang, m'aperçut hors les rangs, bondit jusqu'au trottoir où j'avais pris pied, et pendant
qu'il s'approchait brandissant triomphalement le
casque à chenille de quelque officier transrhénan
expiré loin d'une tendre Greetcheen ou d'une in-
constante Mina, je remarquai que sa naïve figure
agreste, encore imberbe et tout encadrée de ma-
gnifiques cheveux bouclés, aussi fauves que ceux
des inflexibles montagnards de Vercingétorix, ses
ancêtres, avait deux ou trois glorieuses balafres,
dont l'une récente.

— Ah! *voun Diou de voun Diou!* s'exclama-t-il en
élevant en l'air le trophée qu'il avait conquis; *aimaioi
ta pla, crèses-me pla, vendré de castagnas al pè del pech!*

— Oui, je conçois qu'il te plairait autant de
débiter des marrons au pied de la colline où tu
résides; néanmoins, je t'en félicite, tu ne rechignes
point à la besogne et tu remplis à souhait ton devoir de patriote.

—. *Un bouci mat, sans me vanta, què lou noumat Trochu !*

— Mieux que lui, je n'en doute pas ; s'il marchait comme ses ouailles, il irait beaucoup trop loin, cet excellent abbé ; mais, j'en ai peur, son plan...

— *Abourcara quaouque bel joun commo mous paoures carbous !*

— Ils sont donc flambés tes pauvres charbons avant d'avoir pris feu ?

— *Flambatz !*

— Au diable le patois ! Exprime-toi, je t'en prie, en français.

—*Sabi pas encore prou cette lénguo !* ça vindra ! La République ès bè vengude, elle, et, perchè, nous l'avons enfin attrapée, cette Marianno, nous la garderons...

— Ou bien nous serons démolis, biribi, sonna comme une cloche à mon oreille une voix très gouailleuse et plus fraîche encore ; à la façon de Barbarie, mon ami !

Je fis immédiatement volte-face et me trouvai vis-à-vis avec la maigre et nerveuse cantinière que j'avais entrevue un moment auparavant à côté de Paul-des-Blés.

— Admirez ! s'écria-t-il, il n'y en a qu'une seule

au monde de ce calibre et telle quelle, la voilà !
C'est Virgi...

Gamine de Paris et faubourienne pur sang,
la fille du colporteur Saubourd, en dépit de ses
formes trop sommaires et de ses traits assez
incorrects, était vraiment très séduisante avec
ses airs garçonniers, son nez de caniche rageur
et les deux gros grains de beauté, noirs comme
de l'encre, placés : l'un au coin d'une bouche un
peu grande, il est vrai, mais si somptueuse-
ment garnie ! l'autre entre des sourcils, bandés
comme des arcs ; et sa crânerie se rehaussait
encore de l'éclat extraordinaire de ses petits yeux
verts d'émeraude, enchâssés, ces aimables co-
quins souriants et menaçants à la fois, sous un
front bombé, laiteux, ombragé d'une forêt de cheveux couleur de feu, plantés là droits et drus, ainsi
que des brins d'herbe rubéfiés par le soleil sur une
motte de marne.

— Ah ! ta promise ?

— Oui, *quercynois ;* elle-même, Mademoiselle
Casse-Tout ou plutôt la Rouge ! elle est bien nom-
mée, est-ce pas, capitaine ?

— A merveille !

— Et si lui, puis moi, nous nous collons, in-
tervint-elle avec une innocente effronterie, il n'y

à pas de danger qu'on fasse des moricauds, hein!
Allez, ils seront bons là, nos gosses aux poils
roux, et, s'il le faut, tout celui de leurs veines qui
ne sera pas blanc, autrement ils seraient bâtards!
s'épandra sur le même terrain où le nôtre aura
coulé! Quoi? c'est ainsi! tous ceux de notre race
aiment mieux crever sur un tas de pierres qu'entre
des draps de lit, et, dame! je m'imagine des fois
que mon homme et moi nous claquerons à la
croix d'un carrefour, en plein air. Rien de plus
rigolo! rien de plus chic!... Qui vivra verra.
Viens-tu, mon loup?

Paul lui fit signe de prendre le devant, et tandis
qu'elle rejoignait au pas gymnastique les francs-
tireurs qui se remettaient en marche après s'être
un instant arrêtés, avec leurs captifs, sous le
balcon monumental d'un palais de la rue de
Rivoli :

— Ma foi, murmura-t-il en la couvant d'un
œil fou d'amour, m'est avis qu'elle est un peu
sorcière; une fois les Prussiens partis, il faudra,
je le sens, s'arranger avec les réacs qui ne sont
pas du tout raisonnables en essayant de nous
foutre dans le sac; on en découdra, que voulez-
vous, si c'est forcé!

— Ce serait un malheur! et nous pourrions

y perdre ce que nous avons gagné ; tout souffrir avant d'en venir là...

D'un geste très net, très résolu, tranchant comme un glaive, il me marqua combien grande était contre les classes dirigeantes, moins jalouses, selon lui, de trouer les rangs germaniques que de conserver leurs propres privilèges, l'indignation de ses humbles compagnons d'armes, et voilà que, plein de cette fièvre patriotique et révolutionnaire qui brûlait tous les plébéiens de la ville assiégée, il se prit à m'exposer en pur dialecte auvergnat, pimenté de quelques termes d'argot parisien, les aspirations grandioses de ce peuple de prolétaires déjà voué par Rome et les Lys à de sombres destins : institution des États-Unis d'Europe, proclamation de la République universelle sur les ruines de tous les empires, abolition, non-seulement des monarchies, mais des oligarchies, souveraineté nationale effective à l'intérieur et la guerre tuée dans le monde par la ligue internationale des travailleurs ; il me peignit dans son jargon imagé, coloré, véhément, tout ce magique programme de la démocratie militante, à peu près tel qu'il était alors analysé, débattu chaque soir et chaque nuit, en mille clubs et derrière les bastions, partout où les soldats-citoyens, veillant sur l'ennemi du dedans avec non moins d'âpreté que sur l'ennemi du dehors, se préparaient à combattre le bon combat; et moi, j'admirais, en écoutant ce volontaire illettré dont l'éloquence naturelle eût enflammé des pierres, combien profonde et mystérieuse est la puissance de transfiguration qu'exerce Paris, le prodigieux Paris, sur les parias même les plus rétifs et les plus incultes. Orateur, ce paour qui ne parlait pas et comprenait à peine la langue de ses coreligionnaires par lesquels il avait été instruit au bivouac comme au cercle, orateur, il l'était depuis hier : héros, il le serait demain ! et qu'il vécût, il saurait trouver en se replongeant dans le sublime alambic d'où naguère il était sorti tout bouillonnant et tout métamorphosé, ce qui lui manquait encore pour être un homme; ayant déjà le verbe et l'action, il aurait, dès lors, cette intelligence pénétrante, faite d'éclairs et de larmes, qui caractérise la sainte canaille, selon Barbier, et, d'après Thiers, cette vile multitude à qui l'on doit les coups de foudre du 14 juillet, et, plus tard, 1830, 48, etc... « Nenni, nenni ! s'écria-t-il, en me montrant au loin le génie de la Liberté planant à l'endroit même où jadis, sinistre et menaçante, se coudait la Bastille, on ne nous coïonnera pas cette

fois-ci, comme les autres ; vaincre ou mourir !
tel est aujourd'hui notre devise, et nous ne bron-
cherons pas ! » Enfin, après m'avoir attendri jusqu'aux pleurs et touché jusqu'aux moelles en me
racontant comment, au lendemain d'une laborieuse
bataille livrée sous les forts aux envahisseurs,
étant rentré assez grièvement blessé dans nos
murs et tombé par hasard au milieu d'une réunion
publique, celui qui la présidait, notre Homère,
aussi grand que l'ancien, ne pouvant étreindre la
foule qui l'acclamait avec transport ni donner
l'accolade à tous les fils de ceux dont, à proxi-
mité de la patrie fermée par la bande famélique
de décembre aux défenseurs de la loi, sur les
grèves hospitalières d'une île normande, il avait
immortalisé les légitimes colères et les droits si
souvent méconnus! s'était complu, deux fois de
suite, à l'embrasser sur une estrade, lui, le plus
ignorant de l'assemblée et peut-être le seul qui
n'eût pas lu, faute de savoir lire, pécaïre ! ces
deux bibles nouvelles, les *Misérables* et les *Châ-
timents,* il me quitta, disant, tout pénétré de
reconnaissance, en son patois pittoresque et
musical :

— On s'en souviendra toujours, *milo Dious!*
de ce noble baiser-là!...

Quand, de ce calame elliptique qui traça plus tard
dans les plaines orageuses de la Cappadoce le fameux *Veni, vidi, vici*, Jules César écrivait en ses *Com-*
mentaires que les Arvernes, entre tous les Gaulois,
sont tenaces, intrépides, fidèles en amour et dévots
aux bardes, il ne se trompait point, et certain phi-
losophe d'il y a plusieurs siècles eut raison d'en-
seigner que l'âme des nations étant éternelle, on
retrouve toujours chez les derniers neveux le
caractère distinctif des premiers ascendants.
Simple et rude comme le tronc paternel, l'obscur
surgeon du grand arbre celtique, *ferox semper*
piusque, prouva bientôt qu'il n'était point dégénéré.
Paris alors avait déjà subi la souillure des hordes du
Nord et l'on se battait avec rage de Vaugirard à
Pantin, de la barrière du Trône à la porte de Neuilly
citadins contre rustiques, Français contre Français, hélas ! pendant que les Allemands, encore
étourdis de leurs louches triomphes et toastant la
santé « du glorieux maréchal », leur utile auxi-
liaire, qui promène aujourd'hui sa carcasse gra-
ciée à travers l'Europe, assistaient du haut des
crêtes boisées de Montmorency et de Sannois à
l'embrasement de l'héroïque ville qui, n'ayant pas
capitulé comme son pâle gouverneur, elle, cher-
chait à s'ensevelir sous ses ruines, préférant le néant

au roi bigot dont elle s'était
crue menacée! Or, la lutte fra-
tricide touchait à sa fin, et,
seules, quelques barricades, obstinément dé-
fendues par les débris de l'armée urbaine,
tenaient çà et là sur le plateau de Belleville.
Encombrée de morts et de mourants, une d'elles
avait, quoique éventrée par les crachats des canons,
arrêté dix fois au moins les colonnes versaillaises

lancées à l'assaut et plusieurs pièces d'artillerie,
braquées contre ses épaulements, la couvraient
encore de mitraille. Huit à dix hommes valides,
mais manquant de cartouches, s'y trouvaient avec
une femme portant piquée à son chignon une rose
en guise de cocarde et, debout sur ce tas de pierres
branlantes, soufflant à tous les cœurs la vengeance
dont le sien était altéré. Fuir, aucun n'y songeait ;
tous voulaient finir là, n'ayant pu vaincre ailleurs.
Soudain, cheveux épars et seins nus, l'amazone
cria :

— Citoyens, ils reviennent, les voici ! Marins et
lignards, sergots et gendarmes, ce sont les mêmes
qui, là-bas, en cette impasse, ont fusillé tantôt des
antiques et des mômes, et des poupards sur les
nénés des nourrices ! un dernier coup de collier !
roulons.

— Hardi ! répondit une voix gasconnante, hardi !
qu'ils approchent ces oiseaux-là ! j'en abattrai le
plus gaillard !

Et, gouailleur entre de mornes gardes natio-
naux hors de combat et parmi leur sang empour-
prant le pavé, se souleva sur ses jambes fracassées
par quelque éclat d'obus, un blondin blême comme
la cire, ayant le ruban jaune et vert de la médaille
militaire à l'une des boutonnières de sa capote

d'uniforme usée jusqu'à la corde et tenant dans ses doigts équarris par la poudre un long revolver en-vermillonné.

— Paul !

— Hé ! Virginie ?

— On n'a plus rien à mettre en son flingot, mon fils, et les chouans sont là.

— Pauvres bêtes !

— Si, tout à l'heure on ne nous a pas menti, la rue est minée ; ousqu'est la mine ? hein, toi, le sais-tu ! dis-le, et, v'lan ! je fais tout sauter, eux et nous avec.

Une pluie de fer lui coupa la parole et cinq mi-nutes durant on la vit environnée de fumée et d'éclairs, courir, invulnérable, entre ciel et terre, en agitant au-dessus de sa tête un guidon et mon-trant sa gorge aux soldats...

— Ohé ! voilà mon baril à moi ; buvez-y si vous avez soif ; mangez-y si vous avez faim, mes petits agneaux !

Et, prise tout à coup d'un rire terrible, elle arra-cha de son flanc ouvert depuis cinq à six secondes, par une grenade, un lambeau de chair, et le leur jeta.

— Bravo ! Virgl, bravo !

— J'en tiens ! répliqua-t-elle en se retournant,

tant mieux, mon chien ; oh ! je n'en suis pas fâchée, après tout ; oui, va, nous filerons ensemble ; c'était écrit !

On entendit au loin des rauquements de mitrailleuses et l'air déchiré gémit.

— Allez-y, les moulins à café ; c'est pas malin, ça ; tournez la manivelle, une, deusse et troisse, aïe donc... chéris, bichonnets de mon cœur ; au pas ; au trot ; au gal...

Elle s'abattit en arrière foudroyée et, comme la troupe arrivait en masse au pas de charge et le yatagan au bout du chassepot :

— A bas Landerneau ! s'écria-t-elle en se relevant sur son coude, et vive Paris !

Un tel blasphème méritait d'être, et sur l'heure, inexorablement châtié ! Condamnés à mort d'avance et bien résolus d'ailleurs à ne point reculer d'une semelle, les fédérés, à l'aspect des ruraux qui bondissaient écumants, tendirent le cou... mais le plus vieux d'entre eux, vétéran de 1830 et de 48, gavroche septuagénaire, un de ces farceurs épiques comme il n'en pousse que sur les bords de la Seine, eut une idée et la lâcha d'une bouche narquoise :

— Amis, histoire de batifoler, embêtons une dernière fois ces bons villageois !... Houp-là ! ron-

dement, et puis après, amen, en route pour
l'éternité !

Tous ses camarades ayant compris le geste qui
suivit cette boutade épaulèrent ensemble leurs fusils
non chargés, et cette vaine grimace intimida si bien
les assaillants qu'ils rompirent en désordre, ces
paysans du Sud, du Nord, de l'Est, de l'Ouest, et
s'abritèrent de chaque côté de la rue, dans l'enca-
drement des portes closes, sous les linteaux criblés
de balles.

— Sacrés cornichons ! hurla sabre en l'air une
grosse épaulette furieuse d'avoir eu peur, reformez
vos rangs, allons donc, chargez ! sus aux gredins !...
arche !

Et, monocle à l'œil, cigarette au bec, un sous-
lieutenant frais échappé de Saint-Cyr, qui se voyait
déjà lieutenant-général ou maréchal de France,
ajouta :

— Feu !

Sur-le-champ, par les fenêtres d'une bicoque à
moitié démolie, dominant le tas de pavés derrière
lequel les *gredins* s'applaudissaient du succès de
leur dernière frasque, une mousquetade assez
nourrie éclata. Tous tombèrent, tous, sauf le moins
âgé, celui qui, de ses mains crispées, serrait la
crosse d'un pistolet d'arçon.

— Nom de Dieu! pas de quartier! reprit l'officier supérieur, un familier d'Eugénie et de Badinguet, enlevez-moi ça!

Grenadiers et matelots, les troupiers épars sous les auvents, se rejoignirent et s'avancèrent lentement, prudemment vers la barricade béante au sommet de laquelle flottait, surmontée d'un bonnet phrygien et ne tenant plus que par quelques fils à la hampe, une loque écarlate, le drapeau. Presque étendu devant la brèche sur les cadavres tout chauds de ses frères d'armes, ses cheveux d'or pâle mêlés à la crinière d'or rouge de sa fiancée, et mariant ce qui lui restait de souffle au souffle à peine sensible de Virginie agonisante et que les flammes de quelques maisons incendiées illuminaient comme les feux d'une apothéose, Paul-des-Blés, implacable, attendait les vainqueurs de Paris dont un, au moins! avant lui devait mourir : il l'avait juré. Grave, pensif, ridé, les yeux doux et vagues, un sapeur en barbe grise, quasi blanche, et qui marchait à la tête de sa compagnie, apparut le premier, respirant la douleur et la pitié!

— *Moun Diou! moun Diou!* dit le jeune communard en abaissant l'arme dont ses doigts pressaient la détente, il ressemble trait pour trait à *moussu Bitor Hugo!...*

Deux féroces conscrits, avec leurs baïonnettes,
ui clouèrent dans la bouche sa langue qui venait
le prononcer ces pieuses, ces saintes paroles, et le
on vétéran tremblant de tous ses membres,
'étant agenouillé sur le sol, aussi gluant que le
arrelage d'un abattoir, laissa tomber une larme
ur le corps de l'enfant miséricordieux qui lui avait
ait grâce.

— Où diable a-t-il tant bu? ricana, poing sur la
anche et tête au vent, le major entré dans la re-
loute; il a le vin bougrement tendre, oui, ce che-
ronné-là !

Sèvres, 4-18 Septembre 1871

L'Ancêtre

L'ANCÊTRE

« Quand apparut la République
Dans les éclairs de Février,
Tenant en main sa longue pique,
La France fut comme un brasier.»

Chant des Paysans. — P. Dupont.

Trois heures de l'après-midi sonnaient... Au dernier tintement de l'horloge invisible, les cinq cent trente-trois mandataires que la France

avait élus envers et contre le gré des Broglie et des
Buffet abandonnèrent les couloirs et gagnèrent les
bancs de l'éphémère édifice expressément construit
naguère, inauguré ce jour-là. Quasi religieux, un
grand silence y régnait. Tout à coup, en dehors de
l'enceinte, où devaient être débattus les droits si
longtemps contestés et toujours méconnus de la
nation, hier serve encore et demain peut-être sou-
veraine, un long roulement retentit... Au banc mi-
nistériel, les récents titulaires étreignaient leurs
portefeuilles si difficilement acquis et déjà fuyants.
Suivi des plus jeunes membres de l'Assemblée
appelés, selon le règlement en vigueur, à composer
le bureau provisoire, un vieillard, auréolé de cheveux blancs, vêtu de noir et la boutonnière vierge
de toute marque d'intrigue ou de bassesse, apparut.
Tandis que les tambours, sous le vestibule, bat-
taient aux champs, il monta gravement au fauteuil
présidentiel. Aussitôt qu'il s'y fut assis, il considéra d'un regard bref et vif la délégation nationale
qu'il avait à présider, ce jour-là seulement, par bé-
néfice d'âge... Un sourd brouhaha s'élève soudain
parmi la minorité clairsemée qui siégeait à droite
et vers le centre; mais les gauches en masse étei-
gnent immédiatement cet hostile murmure et par
trois fois poussent ce cri sacré :

— Vive la République!

Or, pendant que contraints d'avaler les apostrophes factieuses qui leur brûlaient la gorge, les fauteurs de la tyrannie humaine et divine baissaient honteusement la tête et que, d'autre part, les défenseurs de la Révolution enfin triomphante tendaient, dans un pieux délire, les bras au ciel, lui, l'ardent octogénaire, en qui s'incarnait l'héroïsme des générations antérieures, lui, le vétéran du forum, et dont le nom ainsi que celui du sévère Barbès était synonyme de vertu, lui qui, peu de jours auparavant, expiait sous les verrous une dernière explosion de bravoure, lui, père-conscrit de la démocratie française, vaillant entre tous les vaillants, enfin lui à qui la fortune avait réservé ce double honneur mille fois mérité : vingt ans de prison et une heure de suprême magistrature, il accueillait, avec simplesse et comme un hommage adressé à la grande réparatrice, qu'il avait toujours servie, les salutations de ces collègues, fils ou petits-fils de ses glorieux compagnons de 1830 et de 48.

— Enfants, dit-il, d'une voix ferme qui porta jusqu'aux travées, citoyens!...

Attendrie au premier mot, transportée au second, l'Assemblée, d'un mouvement électrique, ac-

clama le vieux tribun, et l'ovation fut telle qu'il
s'en émut. On l'honorait de toutes parts et lui,
pleurait, ce stoïcien impeccable, ce rigide que le
sort contraire ne put abattre, et tous les députés
virent ce qu'aucun de ses geôliers et de ses bourreaux n'avait jamais vu : la trace de ses larmes.
Encore tout frissonnant de joie, il étendit les mains...

— Silence, écoutez !

On se tut; il parla. Remontant aux premiers
jours de son enfance, il dit le liberticide sacrilège
de ce Corse qui longtemps, ayant rampé devant
l'Incorruptible, se vendit aux dépravés du Direc-
toire, à Barras, et combien dures, après l'agonie
de la grande République, avaient été les épreuves
échues à tous les cœurs qui lui demeurèrent fidèles; il dit les amertumes et les misères de l'inva-
sion en 1814, en 1815, et les secrets conciliabules
tenus un peu plus tard par la jeunesse française,
impatiente de secouer le joug d'un roi capucin; il
dit les trois Glorieuses de Juillet et les cruels dé-
boires des héros dont le sang coula dans ces jour-
nées immortelles, et qui, délivrés du Bourbon,
eurent à subir un d'Orléans; il dit la corruption
organisée par Guizot et le réveil du Lion, il dit les
efforts de la plèbe redevenue le Peuple et son écra-
sement par les sicaires de toutes les réactions con-

jurées ; il dit le Coup d'État, toutes les turpitudes et tous les industriels de 1851 : Fialin, Canrobert, Sibour, Saint-Arnaud, Maupas, Troplong, Morny, les commissions mixtes, les fusillades, les pontons, les transportations, la longue orgie impériale, hoquetant à l'Élysée et vomissant aux Tuileries, où les sabretaches teintes du sang populaire, à flots répandu sur le boulevard Montmartre et ailleurs, s'essuyaient aux somptueuses traînes de velours et de soie ; il dit toute la bacchanale menée par cet estafier que les empereurs comme les rois traitaient de cousin et ses valets de sire ; il dit la fin de ce somnambule couronné qui nous valut le démembrement peut-être irrémédiable de la patrie et la mort ou l'exil de tant de braves ; il dit les factieux qu'on aurait encore à vaincre en dépit de la Loyale-Épée, hésitant entre Henri V et d'Aumale, il dit les griefs de Paris et la réhabilitation due à la capitale décapitalisée, ainsi qu'à ses défenseurs languissant à 2000 lieues de leurs proches ; il dit les hypocrisies et les enlacements du papisme pendant la période contemporaine ; il dit tout, et telle fut sa dernière parole :

— Ici jurons, démocrates élus de France, de ne pas nous séparer avant d'avoir à jamais institué la République !

Ensuite, il leva solennellement sa droite et chacun l'imita. Pour la seconde fois en un siècle, Versailles entendit des promesses sacramentelles : les petits-neveux des grands insurgés de 89 avaient renouvelé le serment du Jeu-de-Paume... Hélas! on s'y fiait, et qui ne l'eût cru?

Paris, 9 Mars 1876

Trois Fois Maudite

TROIS FOIS MAUDITE

Ah! c'est le cri de la nature :
Il faut du pain, il faut du pain !

Le Pain. — Pierre Dupont.

Zélia, Lili Croque-Mort, ou plutôt Veuve
Vive-la-Joie, comme l'appelaient par déri-

sion les joyeuses luronnes du boulevard des Ternes, ayant dénoué ses lourds cheveux blonds récemment calamistrés, effleura d'œillades furtives ses mains qui restaient toujours *gantées*, et s'offrit, quasi nue, au gommeux entre deux âges ainsi qu'entre deux vins qu'elle avait amorcé :

— Sieds-toi, *monsieur* ; regarde comme je suis belle ! et prends-moi, si ça te plaît.

Il s'étendit à plat ventre sur le divan aux couleurs tapageuses qui, rehaussant cet humble boudoir, lui prêtait à la clarté molle de deux lampes d'albâtre une certaine apparence de luxe, et s'étant étiré les quatre membres, il bâilla, puis il la contempla nonchalamment de cet œil connaisseur avec lequel maquignons et gentilshommes étudient la structure des pur-sang.

— Hé ! hé ! bourdonna-t-il, tu dégotes la Médicis et la Milo !

Grande, svelte, et cependant assez charnue, elle avait dû, vierge naguère, être l'orgueil de quelque faubourg, et plus d'un papillon de barrière s'était autrefois brûlé sans doute à ses ardents yeux noirs, éteints, hélas ! aujourd'hui ; car toute flamme meurt vite sous les larmes, et, jadis si joviale, la créature, évidemment, avait depuis lors beaucoup pleuré...

— Qu'as-tu, toi? pourquoi donc pâlir, mon ange?

Elle essaya de sourire à cet amant de rencontre, et lui, brutal, lui, cynique, à qui les fleurs flétries ne répugnaient pas, s'approcha d'elle afin d'en respirer les derniers parfums, si doux encore quoique corrompus.

— Oh! fit-elle avec une ineffable horreur; oh! mon Dieu!

Puis, machinale, elle se livra. L'étrange libertine, elle avait eu des velléités de révolte et le geste indigné d'une honnête fille! à quoi songeait-elle ainsi?...

« Maman, ah! maman!... ô petite maman chérie! »

Elle se redressa toute échevelée, et bondit, chaude encore des souillures du passant, vers une étroite porte intérieure masquée par d'épais rideaux, derrière laquelle avait retenti ce pressant et déchirant appel et qui fut enfoncée en un clin d'œil...

Les deux chérubins étaient là suffoquant dans une étroite chambrette pleine de fumée et de feu. Comment s'était allumé le grand berceau dans lequel, depuis près de six ans, ces jumeaux avaient dormi, dormaient côte à côte, frère et sœur, celle-ci blonde comme sa mère et celui-là brun comme... l'absent?

— Héléna ! Robert !

Et plus blême que la cire qui fondait dans un chandelier de fer-blanc posé contre un escabeau, l'impudique, oubliant sa nudité, se jeta à corps perdu sur les frêles enfants qu'elle avait conçus et qu'elle avait nourris. En une seconde leurs langes à demi consumés disparurent sous un évier et de l'eau coula, coula sur les étincelles pétillantes qui jonchaient le carreau. Dès que cet incendie fut étouffé, la douloureuse mère couva des yeux ses chers petits. A part quelques légères ampoules, ils étaient sains et saufs.

Éperdue de joie et délirante alors, elle décrocha du mur un cadre d'ébène surmonté d'une branche de chêne aux feuilles racornies et l'étreignant désespérément sur son sein banal :

— O Marius, s'écria-elle, ô Marius, si tu veux les revoir, reviens !

Et saintement elle baisa le portrait du banni.

— Toi ! toi !

C'était une tête pensive et fière que celle de l'époux dont elle, pauvre femme, attendait en vain le retour, et ce plébéien, ce patriote qui, jadis, au temps du siège, tomba grièvement blessé sous les balles prussiennes à Montretout, avait vraiment bel air sous la capote poudreuse du soldat-citoyen...

— Oui, oui, ma foi, c'est un bon type, ce communard !

Elle se retourna d'une seule pièce à cette voix gouailleuse, mais attendrie pourtant, et vit au milieu du réduit le bourgeois en goguette qu'elle avait ramassé dans la rue. Folle d'épouvante à l'aspect de cette figure étrangère, qui lui rappelait brusquement tous les infâmes travaux nocturnes auxquels elle était condamnée depuis si longtemps déjà, la misérable rougit sous son fard et rongée, jusqu'à l'âme, courba le front.

— Ton mari, peut-être ! ce torrentiel, ce trente-sous, ce fédéré ? ce « brave » en uniforme de garde national ?

Au lieu de répondre, elle se *déganta* comme à regret et montra sa droite qu'une roue de machine avait affreusement mutilée ; après quoi, tenant le moignon dans sa main gauche valide, elle promena ses bras ainsi joints sur les soyeuses chevelures de ses enfants serrés contre elle, et considérant l'image sévère du transporté :

— Pardon! murmura-t-elle, il leur fallait du pain... et je n'en peux plus gagner pour eux en travaillant!

Une bourse roula sur le parquet avec un bruit métallique, et l'innocente victime de nos discordes intestines ouït d'abord un long cri de terreur, puis le pas hâtif et saccadé du viveur qui s'éloignait, totalement dégrisé.

Paris, 18 Mars 1875

Chez Ceux Qui Furent...

— 1877 —

CHEZ

CEUX QUI FURENT...

Seul, car, en ce monde, où sont les amis qui vous escortent quand on souffre? je gravissais mélancoliquement les pentes internes du cimetière de l'Est.

— Trente-septième division, huitième section, neuvième ligne? demandai-je au fringant gardien qui se rengorgeait dans sa tunique bleu de ciel en face du sépulcre où ne geint plus le poète tant ulcéré, des entrailles duquel avaient autrefois jailli ces vers si simples et si touchants, inscrits là, depuis lors, par ses fidèles, au-dessus de son cœur enfin apaisé :

« Mes chers amis, quand je mourrai,
Plantez un saule au cimetière,
J'aime son feuillage éploré,
La pâleur m'en est douce et chère,
Et son ombre sera légère
A la terre où je dormirai... »

— Prenez l'escalier que vous avez devant vous, me riposta le faraud, et puis obliquez à droite; au bout de cent cinquante à deux cents pas, vous rencontrerez là-haut une chapelle en marbre noir où sont gravés des pigeons et des triangles d'or; c'est par là.

— Bien !

Et je quittai ce bellâtre souriant à des odalisques imaginaires et leur distribuant des mouchoirs... Il était trois ou quatre heures de relevée; un vif soleil automnal épandait indifféremment ses rougeâtres rayons divergents sur les riches mau-

solées qui protégeront toujours les ossements
du mondain qui naguère était quelqu'un, et sur
la fosse commune où pêle-mêle gisent provi-
soirement les reliques des humbles qui ne furent
rien ni personne ici-bas. L'égalité, cette chimère,
pour qui tant de héros sombrèrent, ne règne pas
même là? Pourtant, dans cette vaste nécropole,
l'astre qui luit pour tous éclairait avec autant
d'impartialité la poussière des petits que celle des
grands...

— Halte! dit une voix brève, sortie de je ne
sais où, nous y sommes; la neuvième ligne com-
mence à ce poteau.

Renseigné de la sorte, je me glissai dans une
étroite allée ourlée d'ifs, et, près d'un groupe
de cyprès, moi, qui ne puis croire à la résurrec-
tion des êtres anéantis, je m'inclinai doulou-
reusement devant la pierre tombale, au-des-
sous de laquelle, bien que je n'aie pas plus que
tant d'autres mérité ce privilège! reposent les
cendres sacrées de ceux qu'après me les avoir
donnés, l'aveugle nature m'a repris. A jamais
inertes les lèvres maternelles! Et ce front filial
à jamais glacé!... Combien de temps demeurai-je
auprès de mes regrettés défunts, inconscient de
l'heure et de moi-même? je l'ignore; un sanglot

lourd et profond m'éveilla. Je levai la tête et, non
loin d'un pompeux cénotaphe érigé à la mémoire
d'un illustre palinodiste, j'aperçus une femme
du peuple, belle et jeune encore qui, guidant ou
plutôt entraînant deux garçons en bas âge, vêtus
de noir comme elle et comme elle ayant à la main
des bouquets d'immortelles, marchait, roide et
rapide vers un bas-fond herbu, borné d'une sombre
muraille, excoriée dans toute sa largeur et cri-
blée de trous.

— Ah! voilà l'endroit; ici, mignons, arrêtons-
nous; ici, c'est ici!

— Quoi, maman, interrogèrent ensemble les
deux innocents blondins, saisis de trouble par ses
sanglots, quoi donc?

— Ce mur!...

— Eh bien?

— Ils étaient plus de mille ceux qui périrent
là, voici déjà six ans, par une triste matinée de
mai; parmi ces victimes du Devoir et du Droit se
trouvaient mon unique frère et celui que, dans
vos berceaux, enfants, vous m'avez tant de fois
réclamé.

— Papa?

La plébéienne tressaillit et pâle, toute frissonnante, s'étant placée sur un tertre recouvert d'un

amas de feuilles enlevées par les brises d'octobre
aux arbres dont ce champ funéraire était bordé
dans tout son circuit, elle contempla religieuse-
ment le terrain inégal et tourmenté qui l'envi-
ronnait...

— Oui, répondit-elle enfin, en pressant contre
sa maigre poitrine haletante les têtes de ses fils ;
oui, l'heure est venue de vous dénoncer cette
infamie. Il vous souvient, n'est-ce pas, de ces longs
jours de famine où, transis de froid, vous pleu-
riez tous les deux en me demandant du pain...
Ah ! vous étiez si petits alors, que vous avez peut-
être oublié cela ; mais vous vous le rappelez,
lui, quand, de loin en loin, il revenait tout sanglant et tout boueux d'au-delà des remparts.

» S'il nous aima fort, il aima plus encore, et je
n'en étais pas jalouse, la République ! « On ne nous
la ravira pas, affirmait-il souvent, elle est à nous,
c'est notre récompense et nous ne l'avons pas
volée ! »

» Hélas ! il crut bientôt qu'elle était menacée,
et pensant la défendre, il ressaisit ses armes
qui se rouillaient dans un coin, sous notre toit,
depuis que des Français indignes d'un tel nom
avaient capitulé secrètement et remis les clefs
de Paris à la Prusse.

« Au revoir et peut-être adieu ! me dit-il une ou deux heures avant le suprême combat; elle vivra ou je mourrai. » « Mais eux ! criai-je, lui montrant la couche où vous autres, mes mignons, vous sommeilliez côte à côte, eux, les pauvres ? »

» Il s'approcha de vous, tout tremblant; tandis qu'il baisait vos fronts, de grosses larmes jaillirent de ses yeux et roulèrent sur vos lèvres closes qui s'entr'ouvrirent et les burent. Elles étaient bien amères ces larmes dont aussi, moi, j'eus ma part, ah ! bien amères ! Soudain, il s'arracha de mes bras qui le retenaient et descendit dans la rue, où pendant toute la journée il lutta sans répit avec ses frères, les ouvriers, contre des frères aussi, les soldats, des paysans.

» A la tombée de la nuit, quelles angoisses ! un faubourien de nos amis, blessé, poursuivi, se réfugia dans notre maison. « Ils triomphent, râla-t-il tout crispé, les ruraux triomphent ! Un contre dix d'abord, contre cent ensuite, contre mille, dix mille enfin, mon bataillon a tenu jusqu'à la dernière cartouche et tous ceux de mes compagnons qui n'ont pas été tués pendant la bataille sont prisonniers?» « Où les a-t-on mis et qu'en a-t-on fait ? » Étourdi de ma question, l'homme me regarda. Je compris son regard et sortis en courant. Un monceau de pavés rougis et derrière lesquels s'étageaient force cadavres m'arrêta.

» Comme j'essayais de le franchir :

— Rebrousse chemin, citoyenne, ou tu seras prise et jetée dans le tas, là-bas, en haut, me dit un vieillard qui se soulevait entre des trépassés et des agonisants.

— Eh quoi ! m'écriai-je, en reconnaissant dans celui qui m'avertissait ainsi l'un de nos voisins, vétéran de 1830 et de 1848, c'est vous, ancien, ah ! c'est vous.

— Oui, ma fille ; oui, moi ; si les miens sont encore debout, tu les embrasseras de ma part en leur disant que je suis mort comme j'ai vécu, sans peur et sans reproche.....

» Un hoquet terrible lui coupa la parole et c'est à peine s'il eut la force de m'apprendre ce qu'était devenu le plus vaillant de la compagnie détruite qu'il avait commandée, celui que je cherchais.

» Sitôt informée, ô douleurs des douleurs ! je m'élançai vers ce lieu-ci, dont un cordon de cavaliers et de fantassins défendait rigoureusement l'accès. Ils eurent beau faire, je m'y glissai dès les premières lueurs de l'aurore. Écoutez !

au moment même où j'y pénétrais, après en avoir escaladé la clôture au péril de ma vie, une série de détonations aigres et brèves déchira l'air et je crus ouïr les plaintes de toute une armée vaincue et livrée au massacre. Hé! je ne me trompais point. Arrivée de croix en croix jusqu'au champ où nous sommes, oisif alors, à quinze ou vingt pas de cette vieille muraille que voici, je vis... enfants, pauvres enfants; il était là, lui! Sous mes yeux, le dernier, il succomba. Bien que couvert de blessures et couché sur le flanc, il protestait toujours et j'entends encore l'adieu dont il salua la Vérité qui luira demain, lorsque, rompant les rangs épais des exécuteurs, à moitié folle, je me précipitai vers lui. Tombée mourante à ses côtés, je me ranimai de moi-même, et, tant que je respirerai, dussé-je vivre mille ans et plus, cette horreur restera gravée sur mes prunelles!.... je le vis enfouir ainsi que tous ses frères d'armes, dans l'immense fosse creusée d'avance, et peut-être en leur présence, sinon par eux-mêmes. Il est là, sous nos pieds, il est là, ce fidèle! A genoux, fils, à genoux, et baisez avec moi la terre où s'est consumé le corps de votre père!

Obéissant au saint désir de leur mère, dont la

voix vibrante et grave sonnait encore à mon oreille, les orphelins, prosternés sur le sol, le baisaient avec piété, quand tout à coup éclata cette brutale injonction :

— Hors d'ici ! C'est le coin des fusillés, on ne s'arrête pas là ; filez ! Aucun stationnement n'est permis où ne se trouvent ni tertres, ni bâtisses, ni dalles !

Se relevant froide et fière, la veuve étreignit ses petits dont l'aîné, montrant de ses poings serrés le fastueux monument au faîte duquel, cerclée d'or, rutilait l'effigie d'un ministre prévaricateur et concussionnaire du second empire, cracha ces mots au soldat de police qui, peut-être six ans auparavant, orné du brassard tricolore, avait participé à l'égorgement des braves enterrés là pêle-mêle :

— Oh ! sachez-le, vous, mon père, qui ne servit jamais les tyrans, était plus digne que ça d'avoir ici son tombeau !

Quoique tout ému, le plus jeune des frères se roidit, et blême, indigné, tout en haussant les épaules, ajouta :

— Dame ! oui, sergot.

Très pensif, frappé, je suivis longtemps des yeux ces deux énergiques enfants de Paris, qui, comme tant d'autres déshérités, seront hommes dans quelques années, c'est-à-dire bientôt, c'est-à-dire demain...

2 Novembre 1877

Madame

La Générale à La Jambe De Bois

— 1879 —

MADAME

LA GÉNÉRALE A LA JAMBE DE BOIS

On jouait les *Huguenots* à l'Opéra. La toile venait de tomber sur l'acte magistral de la *Bénédiction des poignards*, et, dans l'opulente salle où Louis Partant-pour-la-Syrie n'a jamais eu le

plaisir de montrer son triste museau, car si parfois les empereurs proposent, le peuple dispose,
un flot de diamants rutilaient, sous les feux du
lustre, aux doigts, aux oreilles, à la gorge des
mondaines sur qui les lorgnettes des vieux beaux
et des jeunes cocodès étaient braquées de toutes
parts.

— Savez-vous par hasard, Messieurs, quelle
est cette très belle personne? demanda tout à
coup aux confrères de l'entourage un journaliste
intransigeant, que sa verve implacable et ses nombreux mois de prison à Sainte-Pélagie ont singu-
lièrement mis en relief, il me semble que je l'ai
déjà rencontrée...

— En Amérique, alors! repartit solennellement
ce malicieux pontife du reportage parisien qu'on
nomme le père Écho; c'est la femme de ce trapu
gentleman, assis à côté d'elle et qui porte un
collier de barbe à l'instar de nos marins : Son
Excellence le général Abraham Falvy, du Mas-
sachussets, arrivé, mes informations sont on ne
peut plus précises, de Londres, ce matin même,
par l'express du Havre.

— Ah!... Cependant elle n'a pas l'air d'une
Yankee, bourdonna le sympathique écrivain
tout pensif, et je crois que l'on chercherait en

vain son extrait de naissance sur les bords du Connecticut ou de l'Ohio ; remarquez donc ces gestes si faciles et cette grâce toute française. Oh ! je vous assure que je l'ai déjà vue, non point aux États-Unis où je ne suis jamais allé, ni dans les plaines du Rhône que j'ai quittées encore au maillot, voici quelque trente ans, mais ici même, à Paris, je ne sais où ; seulement, elle avait en ce temps-là les cheveux épars, et ses yeux dont, aujourd'hui, le si doux regard caresse comme la molle lumière d'une lampe, jetaient alors des flammes terribles...

— Hem, hem, en voilà du lyrisme, par exemple. Ah, ça ! citoyen, seriez-vous, quoique démocrate, un peu poète, dites ?

— Suffisamment, oui, certes, assez comme cela ; quoique ou parce que ! monseigneur de la Sainte-Ampoule.

Et l'émule des Desmoulins et des Paul-Louis se laissa choir, toujours songeur, dans sa stalle d'orchestre, car les trois coups réglementaires frappés sur la scène annonçaient le dernier lever du rideau... La pièce se dénoua. Valentine, Raoul, Marcel, tous les parpaillots eurent beau rouler le plus dramatiquement du monde sous les arquebuses des papistes, il n'y prit garde, occupé

11

qu'il était à contempler un autre champ de carnage:

« Aux abords d'un terrain ardu, boisé, que parsèment des villas closes de murailles, se groupent nombre de bataillons armés à la moderne; du haut d'un mont perdu dans les brumes hivernales, une citadelle vomit par les gueules de cent canons de rempart, des paquets de mitraille sur les bois ambiants d'où l'ennemi savamment embusqué couvre de mousqueterie nos fantassins échelonnés sur les pentes et prêts à monter à l'assaut. Tout à coup le tambour bat, le clairon sonne. « En avant, fils de France et vive Paris! » On s'élance, on se rue, et l'on se heurte contre des échaliers derrière lesquels luisent les casques à pointe de l'assiégeant. Hurrah! hurrah! les sujets du König font rage lorsque, soudain, ce cri retentit : « A la baïonnette! » et l'on vit une fois de plus ce que peut, en dépit de chefs ineptes ou pusillanimes, qui ne savent ni vaincre ni mourir, la *furia francese.* Pourtant la victoire hésite encore! Alors aux troupes régulières se joignent les milices de la ville investie et ce qu'ont en vain essayé des soldats de profession est accompli par des soldats de hasard. Dieu vivant! à la tête des phalanges urbaines s'avancent, dans la poudre et dans la fumée, deux conscrits, deux blancs becs. Un d'eux

tombe au pertuis d'un fourré, l'autre s'agenouille,
puis, tout hérissé, se relève et de nouveau se pré-
cipite avide de venger son colégionnaire mourant.
Il charge, il va... Son képi, frappé d'une balle,
est emporté. Quel élan! Il bondit, il gronde, il se
transfigure. Ah! ce n'est plus seulement un volontaire de la mort, c'est la patrie elle-même. Et ce
brave, ce héros, c'est une femme! On dirait, sous
des habits masculins, la Vierge de 92, oui! la
déité de Rude avec ses crins ondoyants et tumul-
tueux, ses ailes palpitantes et le glaive qu'elle tend
d'un bras irrésistible vers l'étranger!... Hélas! on
ne sait pourquoi les trompettes ordonnent la re-
traite, et voici que les citoyens, vainqueurs, s'ar-
rêtent dociles à l'ordre qu'elles proclament toutes
ensemble, et se replient. Elle seule, la guerrière
refuse d'obéir, et bientôt foudroyée s'abat à la
crête d'un mamelon... »

— Non, non! elle n'est pas morte, cette vaillante, cette fille sublime auprès de qui j'ai com-
battu; je la reconnais, je la retrouve, c'est elle,
c'est bien elle!

Et celui qui rêvait s'éveille, court, le spectacle
étant fini, hors de la salle et se plante au pied de
l'escalier monumental, où doit forcément passer
l'héroïne...

— Appuyez-vous sur moi, murmure son cavalier tandis qu'élégante, rayonnante, prestigieuse, portant haut sa tête brune et droit son robuste torse, elle descendait, dans son vaste burnous de satin blanc, les marches de marbre en traînant un peu sa jambe gauche, affectée, eût-on dit, d'une certaine raideur.

— Rochemont ! s'exclama-t-elle à l'aspect du jeune pamphlétaire qui la contemplait, tout ému ; vous ! ah ! que je suis heureuse de vous retrouver enfin ; à peine si vous êtes changé !... mon mari : le général Falvy.

Puis, se tournant souriante et ravie vers son époux :

— Un ami ; mon compagnon d'armes à Buzenval !

Les deux gentilshommes, qui ne s'étaient encore jamais vus, se serrèrent la main avec effusion comme de vieilles connaissances ; après quoi, celui d'épée dit à celui de plume avec la plus franche cordialité :

— Vous ne pouvez, Monsieur, nous laisser ainsi ; faites-nous le plaisir et l'honneur de nous accompagner de l'autre côté du boulevard où nous causerons un instant de vos batailles d'hier et de celles d'aujourd'hui.

— Très volontiers !

Une calèche découverte, écussonnée aux armes de l'Union, stationnait sous le péristyle de l'Opéra ; tous les trois y montèrent, et quelques minutes après, assis autour d'une table à thé, devant un feu pétillant, ils conversaient ensemble dans un riche salon de l'hôtel de Bristol. Le publiciste, interrogé, parla de procès intentés à ses confrères et surtout à lui par un gouvernement liberticide ; et quand il eut terminé le récit de ses luttes politiques, à son tour il questionna. Mme la générale s'exécuta de très bonne grâce :

— En vérité, mon cher camarade de bivac, c'est une aventure assez étrange que la mienne ; telle quelle, la voici : Frappée sur ce plateau, témoin de votre valeur, j'en appelle à tous ceux qui, comme moi, pénétrèrent sur vos pas dans la redoute triangulaire de la Croix-au-Corbeau ; ramassée toute sanglante au delà du Parc-Bleu, près duquel périrent tant de braves, entre autres mon frère, mon unique frère dont je partageais l'ardent patriotisme et qu'en dépit de tout, j'avais voulu suivre au suprême combat où, vous ne l'ignorez point, n'eût été ce pauvre Trochu, la victoire enfin infidèle au vautour teutonique eût couronné l'effort de Paris assiégé, je fus transportée, évanouie, *in 'ra muros* en la maison où venaient de s'éteindre, après une

longue vie de labeur, mes père et mère, ces honnêtes artistes, si dévots au peuple, dont ils étaient
sortis. Une vieille parente, la seule qui me restât,
veilla pendant deux mois à mon chevet, et grâce
aux soins assidus qu'elle eut pour moi, j'étais sur
pied et rétablie, lorsque sonna le tocsin de la guerre
intestine. Avec qui lutter et contre qui? Républi-
caine, je n'écoutai que ma conscience et, le cœur
déchiré, je pris parti pour ces prolétaires à qui, j'y
compte bien, rendra justice un jour l'impartiale pos-
térité. Comme eux vaincue, avec eux je tombai sur
le dernier tas de pavés où flottait leur drapeau.
Des mains pieuses me relevèrent dans la rue au
moment où des soldats impitoyables achevaient le
massacre de nos bataillons. Si, blessée cruellement,
je ne fus point passée par les armes, je le dois à la
généreuse étrangère qui me recueillit sous son toit
où bientôt on pratiqua sur moi, la mort m'eût été
plus douce! une de ces mutilations dont l'homme
qui les subit se trouve comme ennobli, mais qui
ravalent à jamais la femme astreinte à souffrir un
tel dommage, en faisant d'elle un objet de douloureuse pitié...

— Marianne! interrompit Abraham Falvy, que
dites-vous? oh! cela n'est, ni ne fut, ni ne sera
jamais, et je proteste!

Elle remercia d'un ineffable coup-d'œil l'amant
délicat qui l'avait choisie, et poursuivit sans amer-
tume :

...On avait obtenu de moi ce sacrifice et celle
pour l'amour de qui je m'y étais résignée en réclama
bientôt un autre plus pénible encore. « Eh quoi!
m'écriai-je avec colère, vous m'avez contrainte à
vivre et maintenant vous exigez que je m'expatrie! »
« Il le faut, mon enfant, un conseil de guerre vous a
condamnée à mort et, nulle part en France, vous
ne seriez désormais à l'abri. » De nouveau, je cédai.
Munie d'un passe-port qu'on m'avait procuré, je
gagnai le Havre, et dix jours après mon embarque-
ment, j'étais à New-York, chez une germaine de ma
bienfaitrice, où je rencontrai le bonheur. Un fils de
camisards dont la famille, après la révocation de
l'édit de Nantes, s'était réfugiée en Angleterre, et
de l'Angleterre à la Nouvelle-Orléans, me vit, et
malgré mon infirmité, m'aima. C'est avec lui, ce
chevalier, que depuis hier seulement, j'ai retrouvé
ma terre natale, Paris, mon grand Paris. Oh! je n'ai
rien à craindre ici. L'étendard étoilé de la libre Amérique me couvre, et si vos tyranneaux s'ingéraient
de me molester tant soit peu, moi qu'ils ont pros-
crite, je sais fort bien qui protégerait contre eux celle
que là-bas, au loin, de l'autre côté de l'Atlantique,

on appelle « Madame la générale à la jambe de bois ! »

Un silence attendri caractérisa cette curieuse confidence,... et comme le polémiste français se levait encore tout remué, pour prendre congé des époux, le grave citoyen de l'Union dit avec un accent pénétré :

— Jadis, sous l'ancienne monarchie des Bourbons, mes ancêtres, honnêtes Cévenols, les Captals de Falvy, portaient sur leur écu cette galante devise : « Avant mon Roy, ma Dame ! » Elle a du bon et je la maintiendrai !

20 *Novembre* 1871

Du Pain Ou La Mort!

— 1880 —

DU PAIN

OU LA MORT!

Hier, c'est hier que par un froid de loup, je le rencontrai non loin du pont d'Austerlitz, cet être bâti
comme chacun de nous, oui, mais autrement vêtu,
car, en bras de chemise et les pieds déchaux, il

n'avait pour cacher sa nudité que deux sacs en toile d'emballage troués au fond et fixés à sa taille par une mauvaise corde. A travers les ornières creusées par les roues de mille chars, il barbotait à l'aventure, et ses mains décharnées agitaient au-dessus de son front, chauve et tanné comme un cuir, un bâton au bout duquel flottait au vent une loque sans nom et souillée de boue, la moitié d'une jupe noire sur laquelle, inscrits à la craie, en lettres inégales, se heurtaient les cinq mots arborés en tête de ce récit.

— Arrêtez-le, crièrent tout à coup des voix ; arrêtez-le donc !

Quelques passants entreprirent de lui mettre la main au collet ; mais il bondit au milieu d'un groupe de gens dont plusieurs, bousculés, roulèrent sur le trottoir des quais et s'élança sur l'un des parapets du pont où, d'un pas automatique et rapide, il promena son sinistre étendard. Des gardiens de la paix ou plutôt des sergents de ville, car, par leur arrogance et leur brutalité, ces agents méritent toujours cette ancienne dénomination abolie, se ruèrent sur ses traces, et bientôt je les perdis de vue eux et lui, de l'autre côté de l'eau...

— Ne lui faites pas de mal, il a perdu le sens ; il est fou ! gémit une vieille femme en guenilles

accourue tout essoufflée; et ça ne se comprend que
trop qu'il le soit!

Interpellée, accablée de questions par les plus
curieux des badauds dont j'étais, elle martela ce
récit haletant :

« Un Lyonnais, du même faubourg que moi,
corroyeur de son état. Il y a six mois à peu près
qu'il vint s'installer à Mouffetard avec son père
infirme, sa femme enceinte et ses deux mioches :
une blondine de treize à quatorze ans, un gosse qui
marchait à peine seul. L'ouvrage ne l'effrayait point,
allez! A trois heures, chaque matin, debout; il par-
tait pour sa tannerie, à Montreuil-sous-Bois, à pied,
puisqu'ici, la nuit, pas d'omnibus ni de tramways ;
et le soir, il rentrait assez tard et s'étendait aussitôt.
En se tuant, il vivait un peu, ne mangeant que le
quart de ce qu'il lui fallait, afin que les siens eussent à peu près le nécessaire. Il y eut du chômage.
Alors, il alla coltiner aux berges de la Seine et c'est
de là qu'on le rapporta vers le commencement de
décembre avec une jambe foulée. Un bateau mal
amarré l'avait écrasé presque contre le talus du
débarcadère. A l'hôpital, on ne voulut point de lui,
parce qu'il n'habitait pas la ville depuis un an au
moins et qu'il n'avait pas à Paris son domicile de
secours. Invalide d'une jambe et, de plus, très

fraîchement accouchée, son épouse, qui nourrissait le bébé, cousit tant et tant qu'elle s'aveugla. Puis, elle toussait, étant déjà pulmonique. Oh ! si vous aviez visité ce palais de misère! Une fois j'y pénétrai. Ni feu ni pitance, et pas de lit. Ils avaient tout mis au mont-de-piété, vendu les reconnaissances et couchaient tous pêle-mêle, vieux et jeunes, sur un tas de paille : elle, la pauvre vaillante, son beau-père paralysé, son mari quasiment estropié, les mômes, enfin. Et voilà qu'un soir la gamine, partie dès le matin, ne revint pas. On l'avait aperçue dans la journée au bras d'un bourgeois, et fort requinquée, aux abords du Panthéon. Il ne fut plus question d'elle au logis, et les autres, en haut sous le toit, crevaient de famine et de chagrin. Avant de cracher ce qu'il lui restait de poumons, la maman vit, faute de lait, mourir son poupard, et son garçon, faute de soupe. Elle-même, au bout de son rouleau, décampa, la veille du premier de l'an, à minuit. Au moment de s'endormir pour la dernière fois, elle avait gagné dix sous à tuyauter du linge. En boitant, son malheureux homme, qui n'avait pas encore assez de nerf pour reprendre la besogne, l'accompagna là-bas, à la fosse commune. Il rentra comme un égaré. Le hasard avait voulu qu'il passât devant un bastringue

d'où sortait au même instant une garce, saoûle, sa
fille, oui, mesdames, oui, messieurs !... Et vous
vous représentez le joli duo qu'ils firent les deux
misérables, demeurés seuls sous le zinc. Affamés,
ils songeaient jour et nuit, côte à côte, et quel
tableau ! La poule au cimetière avec ses deux pous-
sins, la poulette on ne sait où, couvée par n'importe
quel coq; eux là, sans rien en ce paradis où, depuis
la Toussaint, il gelait à pierre fendre. Hé ! ce n'est
pas tout !... Ils avaient reçu congé. Ce matin, oui,
ce matin même, jour du terme, ils s'apprêtaient à
filer quand l'ancien eut une faiblesse. Ils n'étaient
pas encore sortis que le nouveau locataire se pré-
senta traînant.ses bibelots et ses nippes dans une
charrette à bras. On expulse les autres... Alors, le
vieux, pris de coliques, un vrai choléra, quoi ! s'a-
bat dans l'escalier entre les pattes des argousins
appelés par sa majesté la propriétaire. On le
fourre dans un couloir à même le carreau. Pendant
qu'on court chercher une civière, bonsoir, il cla-
que ! et son fils, que vous avez vu tout à l'heure,
perd la carte. Il y avait de quoi déménager, hein,
qu'en pensez-vous ? A cette heure, il doit être
pincé, le pauvre bougre; mais non, bon Dieu, je
me trompe, le voilà qui reparaît !... »

Et, s'interrompant, la vieille montrait à la foule

épouvantée le fou revenu sur ses pas et qui, toujours traqué par la police, hoquetait comme un ivrogne, claquait des dents et s'arrachait la barbe en balbutiant sans conscience les paroles inscrites sur son drapeau :

Du Pain ou la Mort!

Tout le monde recula devant cette figure hagarde et blême, tout ensanglantée, et moi je crus voir en lui le spectre des canuts de Lyon en 1831, le fantôme synthétique d'un peuple de meurt-de-faim, l'image farouche de ce que seront bientôt tous les plébéiens de France, si le salarié n'y peut enfin vivre de son travail.

Janvier 1882

Au Point-Du-Jour

— 1883 —

AU POINT-DU-JOUR

I l y a, certes, beaucoup de citadins de la grande
ville qui ne connaissent de Paris que le quartier
par eux habité; mais presque tous, en avril ou
mai, sitôt que les arbres bourgeonnent, ont,
par aventure, côtoyé les rives de la Seine, en
amont, jusqu'à l'embouchure de la Marne où,

dès qu'apparaît le renouveau, pullulent les cano-
tiers ; en aval, jusqu'au mur d'enceinte, et con-
templé, là, le magique paysage fluvial qu'a si
bien rendu la brosse hardie autant qu'heureuse
de plus d'un disciple de Troyon ou de Courbet.
Un drame eut lieu naguère en ce site dont les
beautés tentèrent aussi la plume impeccable du
tant regretté Théophile Gautier de qui nous reli-
sions hier encore, avec quels délices ! plusieurs
« tableaux de siège ! » entre autres celui-là, tout
simplement intitulé : *Navigation*. Il n'y a pas
très longtemps de cela ; c'était aux ides de mars,
l'an passé. Deux frères, les Régassy, mariniers,
après avoir amarré leur bateau, se hâtaient d'en
extraire leurs filets, leurs lignes et la pêche assez
abondante ce soir-là, lorsque l'aîné dit au cadet
qui considérait, un peu distrait, les langues de
fumée volant au-dessus d'un train de marchan-
dises qui roulait pesamment au-dessus de leurs
têtes, entre terre et ciel :

— Sur le pont charretier du viaduc, il y avait
tout à l'heure une femme et je ne l'aperçois plus ;
Est-ce que celle-là, par hasard, aurait aussi piqué
une tête ?...

Un cri vibrant lui coupa la parole ; ils compri-
rent, et, s'étant élancés dans leur bachot, le re-

poussèrent loin de la berge et tendirent à force
de rames vers les arches si légères de cette mer-
veilleuse construction qui relie, en deçà de la porte
d'Auteuil, les deux rives de la Seine assez grosse
et moutonnant telle qu'un bras de mer, ce soir-là.

— Nisco! fort heureusement, tu te seras trompé,
mon petit vieux.

— Eh! pas du tout; tiens, vois donc un peu,
là-bas...

Et le plus âgé montrait au plus jeune une masse
noire qui flottait dans une zone éclairée à la fois
par la lune et par les projections ignées des réver-
bères dont était couronné ce monument digne
des Romains.

— Oui; je vois.

En silence, ils ramèrent derechef, et celui
qui tenait le gouvernail, l'ayant lâché, s'empara
tout à coup d'une longue gaffe et la plongea dans
l'eau.

— J'ai mordu juste à la chose, dit-il, et je la
rapporte, hop!

En moins d'une demi-minute, une forme inerte
et rigide fut retirée du fleuve avec précaution et
déposée dans le canot qui vira de bord et piqua
vers la grève.

— Allons, voilà le quinzième ou le seizième ce

mois-ci ; nom d'un chien ! Est-ce que c'est la saison qui veut ça?

— Peut-être non et peut-être oui ; dépêche-toi, roule.

Ils amarrèrent leur embarcation au rivage et puis, ayant saisi l'être tout ruisselant qu'ils avaient arraché des flots, le transportèrent en une gargote riveraine où, dans un récipient de fonte bourré jusqu'à la gueule, ronflaient des houilles incandescentes.

— Un grog et des couvertures, Subié; demain on te réglera ça.

Le patron ne se fit aucunement tirer l'oreille, et bientôt une blonde, trempée de pied en cap, mais plutôt engourdie qu'asphyxiée, fut, après avoir été dévêtue de ses jupes et de son casaquin, exposée quasi nue sur une paillasse à la bouche ardente du poêle.

— Oh! chouette, oh! là, vraiment, tout à fait chouette!

Et très attendris, sauveteurs et traiteur s'extasiaient à l'envi devant un magnifique corps d'albâtre, veiné d'azur et taillé pour damner des saints. Un bel engin de plaisir! pensaient-ils vaguement, et presque en dépit d'eux-mêmes en remarquant des muscles, des nerfs et des chairs irréprocha-

bles ; avec ça, pour gagner des mille et des cent, et
devenir princesse, elle n'aurait eu qu'à vouloir...

— Ah ! souffla la superbe créature en dessil-
lant ses yeux bleu-ciel et desserrant tout à coup
ses dents exquises jusque-là clavées ; vous vous
figurez que c'est facile d'être assez lâche pour ça,
vous autres ?

Honteux, ils se taisaient et tâchaient de lui
faire oublier leurs trop libres propos par les soins
les plus empressés et les plus délicats ; mais elle,
farouche, n'écoutant guère leurs consolations,
avait les lèvres bridées par un sourire d'amer-
tume et semblait écouter les mugissements sourds
de l'onde, où elle n'était point parvenue à s'abîmer
et qui battait les quais à deux ou trois mètres
de là...

— Siffle, mignonne, un peu de ce tord-boyaux,
avales-en vite quelques gorgées, il te ragaillardira ;
prends donc !

Elle but à même le carafon et, tout de suite
réchauffée, elle s'accouda sur sa couche et se
roidit, une étrange et sombre énergie dans les prunelles...

— Ah, ça ! te détruire, toi, si chic ; te *neyer !*
et pourquoi ?

— Vous ne l'avez donc pas deviné. Ce n'est

pourtant pas très malin. Une vieille histoire que
vous connaissez bien! Elle est toujours la même;
on doit brouter matin et soir, hein! n'est-ce pas?
et quand, pour se suffire, on n'a que ses dix
doigts, il n'y a pas mèche. Alors, la rue! et,
raccroche, gueuse!...

En disant cela, brusquement elle s'était redressée
et les bras croisés sur sa poitrine, guignait la porte.

— Eh quoi! hasarda l'un des trois bons lurons,
il faut manger et boire aussi; la faim et la soif ex-
cusent tout.

— Oh! je ne suis pas bégueule et je ne me serais
pas plus gênée qu'une autre, allez, si, comme mes
pareilles, j'avais pu;... mais! moi, ce n'est pas la
même chose!

Ils s'interrogeaient de l'œil, cherchant en vain
à pénétrer le sens de cette exclamation, et l'un
d'eux, ahuri, murmura :

— T'es donc pas bâtie comme tout le monde, toi?

— Si, mais plutôt que de caresser les tigres et
les renards de la *Haute*, je préférerais me ronger
la peau. Ces propres à rien! Ils fusillèrent mon
père il y a douze ans! Et ma mère ayant agonisé
trop longtemps, et forcée d'être infidèle au mort,
en a péri de chagrin, et me voilà seule... à présent.
Tenez, il vaut mieux pourrir dans la vase que

d'être forcée à coucher avec eux... et je rentre là d'où vous m'avez sortie ; au revoir, mes braves, et merci, salut !

Et, d'un bond prodigieux, avant que les trois hommes atterrés par ses dernières paroles eussent songé même à la retenir, elle se précipita dehors sur le chemin de halage, et bientôt ils entendirent, dans la nuit ténébreuse, le flac d'un corps lourd tombant à l'eau.

Juin 1881

Bêtes et Gens

— 1860 —.

BÊTES
ET GENS

Venez-y, mes amis, oh ! venez-y voir, et vous, vous en retournerez complètement édifiés !... Si, dans vos murs, à Paris, les prodigalités d'un beau fils qui mange en herbe les millions paternels sont à peine remarquées; ici, sous le ciel du midi, tout près de l'Espagne, aux Antipodes de la Chine et

presque en France, au cœur de mon pays natal, le
Quercy, donner *coram populo* dix sous au mendiant
qui passe en récitant des *Pater* et des *Ave-Maria*,
c'est susciter autour de soi la stupeur qu'y produirait
la subite apparition de l'antechrist et, je n'exagère
rien, y répandre non moins d'épouvante qu'une
inondation, l'hiver, à l'heure où le blé germe, ou
qu'un incendie, l'été, quand les gaves et les sources
taris ne fournissent plus un seul seau d'eau. Point
d'effet sans cause ; aussi de tels mouvements, si
désordonnés et vraiment excessifs, en ont-ils une
très simple et la voici : Ces plaines admirables, ces
cimes sublimes, ces prodigieuses campagnes où la
nature est d'autant plus belle que l'homme y est plus
hideux, abondent en Harpagons, en papas Grandet,
voire en pires espèces de Gobseks ruraux si bien
devinées par notre incomparable Honoré de Balzac,
qui fut appelé non sans quelque motif « un vision-
naire de génie » et, pour tous ces thésauriseurs et
ces grippe-sous, l'or du Bertram de l'académicien
Scribe n'est certes pas une chimère. Amasser,
épargner, s'arrondir au détriment même de leur
santé, voilà l'unique préoccupation qui les hante,
quelles que soient les conjonctures ou la saison.
Hors de là, pour ces bonnes âmes, point de salut ; et
c'est pourquoi tout ce qui les entoure et les sert

souffre de leur invincible lésine, au foyer comme
à l'étable, au chenil ainsi qu'en la basse-cour, et du
fond d'icelle au faîte du colombier. On a beau par-
courir de l'Est à l'Ouest, du Nord au Sud, cette antique et ferrugineuse province gallo-romaine, où
l'avarice règne et triomphe des transes qu'inspire à
la progéniture sang-mêlé des aborigènes un Dieu
terrible, un Dieu cruel, le Dieu sans oreilles et sans
entrailles des traditions hiératiques, juives et chré-
tiennes, adoré là depuis tant de mille ans, on n'y
verra qu'une longue théorie de bipèdes et de qua-
drupèdes, involontaires ou volontaires martyrs, en
proie aux affres de la faim, et quelle faim ! une faim
sans merci, car, encore une fois, en pleins champs
et sous le chaume, bêtes et gens, maîtres et valets,
tous pâtissent à l'envi : l'aïeul, l'aïeule, le mari,
la femme, les enfants, la servante, la jument, le
bœuf et l'âne... Honnêtes bêtes de trait, douces
bêtes de bât ; ah ! que faites-vous donc, citoyens
membres de la Société protectrice ! on les surmène
de l'aube au crépuscule, et, quand la journée est
finie, à peine leur est-il octroyé de quoi ne pas
mourir d'inanition. Eh, ma foi ! l'avoine est trop
chère, et l'orge aussi ! Quant au fourrage, il vaut
mieux le vendre ! Une ration de paille ou quelques
chardons, ça suffit ! A ce jeu l'animal crève sou-

vent ; alors c'est un deuil pour la maison. « Oh ! quel malheur, la brave brute, où trouver qui la vaille ! elle était si dure à la besogne et prenait si peu ! Morte ! quelle calamité ! quel désastre ! » Et l'on s'attendrit en chœur, on exalte les qualités de la vache ou du cheval expiré, l'on pleure le défunt !.. Halte-là ! ne vous y trompez mie, honorables zoophiles platoniques qui ratiocinez sans agir, à l'exemple des bons philanthropes du Corps Législatif, ayez l'obligeance de ne point vous laisser duper par cette apparente générosité : ce n'est pas le sobre et rude serviteur éteint que l'on déplore ainsi, mais la somme d'argent qu'il représentait et qu'on a perdue en le perdant. On le remplacera, lui, tant bien que mal, il faudra le remplacer tôt ou tard, mais les écus qu'il avait coûtés ? Hélas ! partis, et pour toujours ! Ah ! si les pauvres et nobles bêtes de travail ou d'élevage ont à subir tant de maux en cette contrée barbare, elles n'y sont cependant pas encore les plus misérables. Soir et matin, elles mastiquent, elles, peu ou prou, tandis que les autres animaux domestiques, par exemple, les chiens de garde, néant ! Examinez-les, regardez-les : honteux comme l'indigence et furtifs comme le crime, ils vont par ci, par là, sombres, incertains, hargneux, étiques, ces maudits, ces pa-

rias! Seraient-ils ivres? seraient-ils saoûls? On le
dirait, tant ils trébuchent, tant ils chancellent en
fouillant sans relâche la montagne et la combe.
Ivres, saoûls, eux, pécaïre! Leur ventre tiré crie
famine et les os leur forent la peau. Gratifiez-les
d'un morceau de fougasse dur comme roc ou de
quelques cuillerées de soupe, et vous verrez, fût-
elle aigre! « Ah bah! dit le paysan, inutile de leur
fournir des pitances; ils savent bien trouver tout
seuls ce qui leur est nécessaire..... hé! s'ils ne
sont pas contents comme cela, qu'ils aillent au
diable! » Et voilà tout le salaire de ces vaillants ouvriers qui mettraient en pièces le passant assez
hardi pour enlever une paille de la gerbière ou
cueillir un ver-luisant sur le seuil de la borde. Il
faut les voir ces gardiens fidèles, il faut les voir de
près : leurs dents aiguës, leurs robes à rebrousse-
poil, leurs yeux humides de larmes ou bien injectés
de pourpre et toujours pleins d'inquiétude, de douleur ou de menaces, leurs aboiements enroués,
tout cela constitue un épouvantail qui déconcerte et
paralyse le malfaiteur. On devrait au moins leur
payer leurs services, mais non! le bordier, qui bé-
néficie de l'effroi qu'ils inspirent au maraudeur, les
accueille à coups de pieds, si, par hasard, ils vien-
nent rôder autour de la table où fume l'éternelle

soupe aux choux et lécher les rares miettes tombées des bouches par terre. « A la porte, les gourmands ! dehors les avale-farine ! tirez, tirez ! » Et s'ils regimbent tant soit peu, le bâton à tour de bras, ou le fouet jusqu'à complète usure du manche et de la corde !...

Oh ! camarades de jeunesse, il m'en souvient à merveille !...

Au moulin de la Lande (que j'habitais autrefois, tantôt l'été, tantôt l'hiver, où sont les villégiatures d'antan ? et que je n'habiterai jamais plus, ayant dû le vendre naguère au dernier et plus offrant enchérisseur), il y avait une griffonne blanche, haute sur pattes, tachée de noir, et, de l'autre côté de la route cantonale, à la ferme des Bruants, sise à mi-portée de fusil du moulin, un chien roux moitié lévrier, moitié dogue, avec des jambes torses de basset et une queue touffue d'épagneul. Ils me connaissaient bien, je vous assure, l'un et l'autre. Un jour (il pleuvait tellement du feu ce jour-là que ma face en est encore hâlée), à leur grande satisfaction, nous nous instituâmes leur panetier. Depuis lors, ils me montrèrent quelque amitié. Que je quittasse le clos, ils étaient fous de douleur et fous de joie quand j'y retournais. Et toujours, ici, là, partout, que je parte ou que j'arrive, ils me parlaient une langue qu'ils savaient me faire entendre, et de leurs yeux aussi phosphorescents que ceux des carnassiers la nuit, sous bois, jaillissaient plus d'éclairs de reconnaissance qu'aucun regard humain n'est capable d'en produire. Bref, ils m'aimaient autant que je les aimais, et ce n'est pas peu dire, en vérité. La première fois que j'eus l'honneur et le plaisir de leur partager du pain, ils se tenaient assis sur le dos, loin de moi, à vingt ou trente pas de distance. Rien, chez eux, ne trahit d'abord l'émotion qu'avait dû leur causer cette distribution inattendue, rien, si ce n'est un léger froncement de nez et le renflement de leurs babines. Ils me montraient leurs crocs, ils avaient l'air de rire, mais se gardaient bien de bouger. En vain, du plat de ma main, frappai-je mes cuisses à petits coups répétés, afin de les attirer, ces poltrons ; en vain, faisant subir à ma voix les plus tendres inflexions, les encourageai-je par les mots les plus subtils et les plus engageants, tout fut inutile. « Encore un peu de patience, pensais-je, ils y viendront. » Ouiche ! j'eus beau dire et beau faire. Ils préféraient souffrir toutes les tortures de Tantale que de m'aborder. Ah ! j'en avais réellement pitié ! Muets, attentifs, ils croquaient des yeux les morceaux de pain épars à mes pieds, et mâchaient à vide pour tromper la faim... Malgré tout, ils ne branlèrent point. Espérant qu'ils seraient plus osés si je disparaissais, je me glissai dans un champ de froment, et, m'y dissimulant de mon mieux, j'attendis; attente stérile, ils me sentaient là ; plus que jamais, ils restèrent immobiles. En désespoir de cause, je rentrai le plus douillettement du monde à l'usine et courus au grenier du haut duquel je savais que je pourrais très bien les voir sans en être aperçu moi-même. Ils étudièrent longtemps, très longtemps, les oscillations des blés que j'avais sillonnés, puis la femelle, allant à la découverte, s'enfonça sous les épis. Quand, satisfaite sans doute de son exploration, elle revint sur la route, je la vis humer l'air et j'entendis le gémissement qu'elle poussa. Son compagnon, s'étant empressé de la rejoindre, elle le flaira comme elle en fut flairée. On eût dit qu'ils se parlaient bas à l'oreille. Enfin, côte à côte, rampants, frémissants, le museau rez terre et la queue repliée sous le ventre, ils gagnèrent ensemble le tertre où gisaient les croûtes que je leur avais jetées. S'attendaient-ils à recevoir une volée de coups de trique et criaient-ils uniquement de frayeur?.... A peine eurent-ils saisi le butin si convoité, qu'ils se prirent à geindre et, fuyant à toutes jambes, ils s'élancèrent qui d'un côté, qui de

l'autre : le métis fauve à jambes torses au milieu
d'un épais taillis, la pur-sang dans le lit à sec du
Lemboux, maigre rivière sur laquelle est bâti le
petit moulin à blé que je regrette et regretterai
jusqu'au tombeau. Le bruit que fit la chienne en
traversant les ajoncs et les menthes de la rive effa-
roucha trois matous se chauffant au soleil, qui se
précipitèrent rapides comme l'éclair et vagissant de
terreur sous une grosse meule de chaume avoisi-
nante. Ayant franchi le ru, la griffonne s'accroupit
sur l'herbe, au pied d'un rouvre et mangea, gro-
gnant, avec voracité. Mais elle était épiée par trois
paires d'yeux et n'avait qu'à bien se tenir. Revenus
déjà de leur folle épouvante, alléchés par la vue du
pain que ma pensionnaire dévorait, les trois chats
marchèrent sur elle anguleusement, se rasant
comme des tigres et soufflant, tout hérissés. Subi-
tement, ils bondirent. Acharné fut le combat. Les
quatre animaux m'apparurent hurlant, miaulant,
piétinant les uns sur les autres, roulant confondus
parmi les lichens, formant un groupe mobile et con-
fus dont la chienne se sépara, déchirée, aveugle,
plaintive, la queue basse, la gueule ensanglantée,
les poils salis, ayant perdu, cette nigaude, sa proie
dans la bataille.

— Eh bien, mais! demandai-je à la meunière,

une riche blonde, très belle fille, ma foi, qui vannait des grains, seigle et mil, en chantant, au fond du grenier, on ne donne donc jamais rien à manger à ces bêtes-là?

— Lesquelles donc, s'il vous plait, estimable monsieur?

— Hé! celles-ci, là-bas!

— Oh! ces chiens ne sont pas malheureux; ils mangent tous les œufs couvés, et puis ensuite, nos fientes.

— Et ces chats?

— Oh! ne vous en inquiétez pas, ils *ratent* ou pêchent, eux, et, certes, ils ont bien assez de quoi se nourrir comme cela, ces goulus.

— Hé quoi! m'écriai-je abasourdi, vraiment, ils pêchent... le poisson?

— Oui, monsieur, les barbillons, les ablettes, les grenouilles et les rats d'eau, puis ils chassent, outre rats, belettes et taupes, hérissons et fouines, soubuses et ducs, les passereaux, les tarins, les rouges-gorges, les cul-blancs, les hirondelles, les mouches, les araignées, les salamandres, les crapauds, les têtards, les hiboux, les chauves-souris, sans compter les lapins de garenne et les lièvres qui ne manquent pas dans ce pays-ci, tout le monde le sait!

En vérité, je n'en pouvais croire mes oreilles, mais force me fut, quelques jours après, d'en croire mes yeux. Je m'étais toujours figuré le chat, soit comme un animal mystérieux, fatidique, poétique même, soit comme une bête lascive, ronronnante, hypocrite et coquette, mais ces félins longs comme des fourmiliers, décharnés comme des squelettes, hydrophiles, surveillant le goujon à l'affût derrière une motte de terre ou des touffes d'herbe, plongeant dans l'eau vaseuse, y furetant, en rapportant les poissons frétillants et les déchirant avec férocité ; ces chats, étendus les quatre jambes en l'air, immobiles, rigides comme des charognes, bondissant, fondant tout à coup sur l'hirondelle, l'arrêtant au vol comme fait l'épervier, et l'avalant toute vive encore; ces chats chasseurs, pêcheurs, voleurs, assassins, ces chats braconniers et bandits, n'avaient jamais, je l'avoue, joué dans mon imagination, et même je n'aurais jamais supposé qu'ils existassent. Ils existent, je les ai vus, je les ai touchés, j'ai promené mes mains curieuses sur la carcasse de l'un d'eux, j'ai compté ses côtes, senti battre son cœur, j'ai caressé sa peau gris-fauve et lustrée, changeante comme du velours sur lequel il a plu, je me suis miré dans ses prunelles profondes, et j'y ai lu ce que l'on déchiffre aussi dans les yeux des bœufs et des ânes de labour, dételés de la charrue, après dix heures de travail sous un ciel en flammes, et tombant épuisés sur leur infecte litière devant la crèche vide : un réquisitoire en forme contre l'ingratitude de leurs supérieurs dans l'échelle des êtres, une plainte éloquente contre la méchanceté mille fois séculaire de leurs frères, les hommes !

En Quercy, mai 1862.

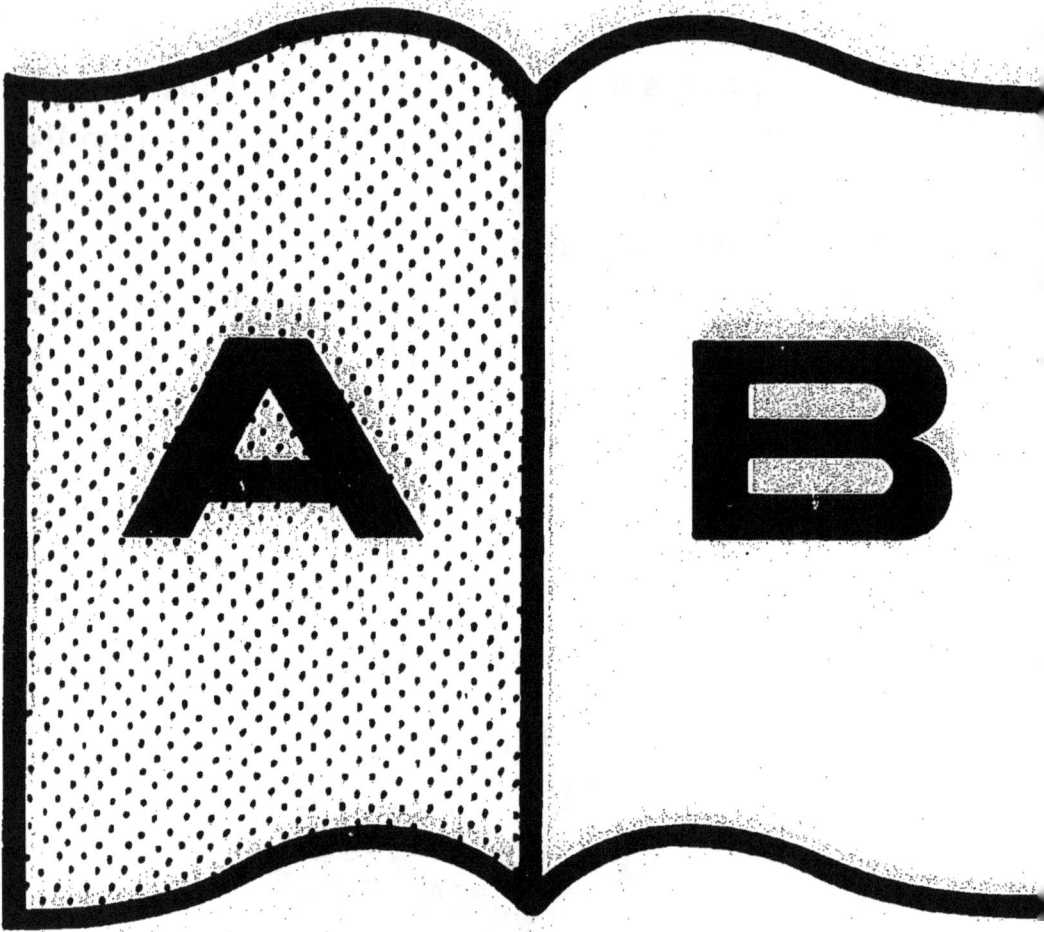

Contraste insuffisant

NF Z 43-120-14

www.ingramcontent.com/pod-product-compliance
Lightning Source LLC
Chambersburg PA
CBHW051732090426
42738CB00010B/2213